高填土涵洞设计方法研究

范鹤 编著

化学工业出版社

·北京·

内容提要

按照我国公路发展的总体目标，公路中的高填土涵洞结构物所占比重逐年增大。正确分析高填土涵洞的土压力分布及其影响条件，对高填土涵洞进行准确的土压力计算，已成为高填土涵洞设计面临的亟待解决的问题之一。本书以上埋式高填土涵洞为研究对象，对涵洞周围土层的土压力、填土土层位移场、涵洞结构应力场及预测进行了相关的室内相似模型试验、现场试验、数值计算和理论分析，具体在以下几方面进行了深入的研究：首先实现不同填土材料和地基形式条件下的涵洞、填土全过程相似材料模型试验，并基于涵洞埋设的地形条件、填土特性、地基土的士性参数、地基处理方式和涵洞结构特征等因素，开展大量数值模拟计算；其次依托实际工程现场试验，结合模型试验和数值计算研究成果，运用弹塑性力学方法，建立高填土涵洞垂直土压力计算公式；最后提出自适应遗传算法–神经网络系统（AGA-BP），并应用到涵洞结构断面测点变形（应力）的预测研究。

本书可供交通工程、土木工程、市政工程等领域相关的科研人员、高校教师、本科生、研究生、技术人员和相关从业者等人员参考。

图书在版编目（CIP）数据

高填土涵洞设计方法研究/范鹤编著. —北京：
化学工业出版社，2020.10
ISBN 978-7-122-37456-1

Ⅰ.①高… Ⅱ.①范… Ⅲ.①路基－涵洞－设计－方法研究 Ⅳ.①U499.8

中国版本图书馆 CIP 数据核字（2020）第 139663 号

责任编辑：吕佳丽　　　　　　　　　　　　　文字编辑：邢启壮
责任校对：宋　玮　　　　　　　　　　　　　装帧设计：王晓宇

出版发行：化学工业出版社（北京市东城区青年湖南街 13 号　邮政编码 100011）
印　　装：北京盛通商印快线网络科技有限公司
787mm×1092mm　1/16　印张 7¾　字数 184 千字　2020 年 11 月北京第 1 版第 1 次印刷

购书咨询：010-64518888　　　　　　　　　　售后服务：010-64518899
网　　址：http://www.cip.com.cn
凡购买本书，如有缺损质量问题，本社销售中心负责调换。

定　　价：**68.00 元**　　　　　　　　　　　　版权所有　违者必究

前言

用于排泄公路两侧冲沟、溪流的洪水，在不过水时也可作交通使用且单孔跨径小于 5m 的结构称为涵。涵洞（管）被广泛应用于公路、铁路、市政、军工等领域，是"生命线工程"之一。按照我国公路发展的总体目标，公路建设投资力度将不断加大，公路等级明显提高，公路中的高填土涵洞结构物所占比重也会越来越大。正确分析高填土涵洞的土压力分布，研究其分布的影响因素并在此基础上提出高填土涵洞设计公式，已成为高填土涵洞设计中亟待解决的问题。

本书分别采用相似材料模型试验、数值模拟方法和现场试验三种方法，分析涵洞上的土压力分布的影响因素，建立刚性、柔性两种地基处理方式对应的高填土涵洞垂直土压力计算公式，并将自行研发的自适应遗传算法-神经网络智能系统程序，应用到高填土涵洞变形（应力）的预测研究上，对指导高填土涵洞结构设计，制定统一的设计图标准具有一定的理论意义和工程意义。

本书着重介绍了高填土涵洞结构设计荷载-垂直土压力的研究成果，通过模拟多种工况的涵洞、填土全过程相似材料模型试验，研究垂直土压力分布、不同标高土层的沉降位移分布及涵洞自身结构应力分布。基于涵洞埋设的地形条件、填土特性、地基土的土性参数、地基处理方式和涵洞结构特征等因素，完成大量的数值模拟计算。依托实际工程项目，完成拱涵和盖板涵两种涵洞结构形式的现场试验。参考实验和数值模拟结论，运用弹塑性力学方法，建立高填土涵洞垂直土压力计算公式。采用自适应遗传算法-神经网络系统优化搜索确定网络模型结构，将模型试验的数据（包括定量数据和定性数据）作为样本，对涵洞断面测点变形（应力）进行预测，结果可为实际工程相关研究提供参考。

本书内容涉及力学（岩土力学、弹塑性力学）、结构试验、人工智能科学（遗传算法、神经网络）等学科领域。

感谢国家自然基金项目（51208310）和辽宁省自然科学基金计划项目（20180550118）对本书出版给予的资助。

由于编者水平有限，书中不足之处在所难免，敬请读者批评指正。

作　者
2020 年 6 月于沈阳

目录

第 **1** 章
绪 论

1.1 概述

涵洞（culvert）为横穿路基的小型泄水构筑物，用于跨越天然沟谷、洼地排泄洪水，或用于横跨大小道路作为人、畜和车辆的立交通道。单孔跨径小于 5m，多孔跨径总长小于 8m 的均称为涵洞[1]。涵洞（管）被广泛地应用于公路、铁路、市政、水利、冶金、军工等领域，也是"生命线工程"之一。

公路建设的发展是世界各国经济腾飞、物质准备过程中的必要条件，二战后的美国、20世纪 60 年代的欧洲、20 世纪 70 年代的日本和 80 年代的东南亚都证明了这一点。公路建设的发展，特别是高速公路的发展都是经济发展的先决条件[3]。

随着我国公路建设投资力度的不断加大和公路等级的明显提高，公路中的涵洞结构物所占比重也是越来越大，涵洞已成为公路工程中的重要组成部分。据有关资料介绍，无论是在工程数量上还是工程造价上，涵洞都占有相当的比重。小桥涵工程数量占桥涵总数的70%～80%，平原地区每千米有 1～3 道（座）；山岭重丘地区每千米有 4～6 道（座）[110]。其中小桥涵工程造价占桥涵总额的 50% 以上，而在小桥涵中涵洞又占绝大多数[4]。

涵洞的主要作用是排泄公路两侧冲沟、溪流的洪水，在不过水时也可作交通涵用[2,5]。本书的研究内容为交通涵，属于上部受压、两侧受挤、端部外露的半地下工程。由于涵洞是处在自然环境和行车荷载长期、反复作用条件下工作的结构物，所以涵洞必须具备充足的整体强度和一定的刚度，以保证在设计荷载的作用下构件不被压坏，同时具有较高的可靠性和耐久性[6,7]。

1.1.1 涵洞的分类及构造

1.1.1.1 涵洞的分类[1]

（1）按建筑材料分类。通常可分为浆砌石涵、混凝土涵、钢筋混凝土涵、砖涵和混合材料涵洞，有时也可用陶瓷管涵、波纹管涵、铸铁管涵、石灰三合土涵等。其中，石涵主要用于产石地区，可做成石盖板涵、石拱涵；混凝土涵可预制成拱涵、圆管涵和小跨径盖板涵；钢筋混凝土涵可用于管涵、盖板涵、拱涵以及软土地基上的箱涵。

（2）按洞身结构布置（构造形式）分类。可分为管涵（圆管涵）、盖板涵、拱涵、箱涵等。不同构造形式涵洞具有常用的跨径与使用条件[8]。

（3）按涵顶填土高度分类。可分为明涵和暗涵两类。明涵是指涵顶不填土的涵洞，适用于低路堤、浅沟渠；暗涵是指涵顶填土高度大于 0.5m 的涵洞，适用于高路堤、深沟渠。

（4）按孔数分类。可分为单孔涵、双孔涵和多孔涵等。

（5）按水力性质分类。根据水流通过涵洞的状态确定的涵洞水力计算图示，分为无压力式、半压力式和压力式三种，因此涵洞按水力计算图示和水力性质可以分为无压力式涵洞、半压力式涵洞和压力式涵洞三类。

（6）按施工方法分类。可分为上埋式涵洞、沟埋式涵洞和隧道式涵洞。上埋式涵洞是将涵洞布设于地表，然后再覆土夯实，管顶一般高于天然地面；沟埋式涵洞是指埋设前沿涵洞轴线方向在天然地面上开挖狭窄的矩形断面沟槽，然后敷设涵节、回填土料并分层夯实，管顶低于天然地面；隧道式涵洞多用于将预制的涵节通过高压油泵带动的油压千斤顶，借助于预先修好的后背支撑，将涵节顶入路堤或坝内。

1.1.1.2 涵洞的构造

一座完整涵洞主要由洞身、基础和洞口建筑三部分组成[9]，具体组成如图 1.1 所示。

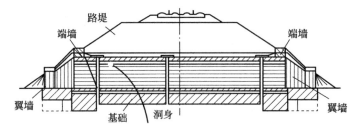

图 1.1 涵洞组成

（1）洞身。洞身位于填土下方，是涵洞的主要组成部分，通常由承重结构（拱圈或盖板等）、涵台、基础以及防水层、伸缩缝等部分构成。其作用是承受荷载和填土压力并传递给地基。另外，其还是涵洞过水的主要部分，因而对于涵洞除了具有坚固稳定的特性外，还需保持必要的孔径。

（2）基础。涵洞的基础对涵洞的使用质量具有较大影响，对于涵洞基础要求不能有过大的沉降，而且沉降必须均匀。因此，涵洞应尽量避免设置在地基松软、强度不均匀或地质条件不良的地段，当地基强度较低而且无法避让时，应采取措施对地基进行加固或加强处理。一般涵洞基础采用 M7.5 砂浆砌块、片石，厚度 60cm 或 100cm。

（3）洞口建筑。由进口建筑物和出口建筑物组成。进口建筑物由进口翼墙、护底和涵前铺砌构成，出口建筑物由出口翼墙、护底和出口防冲铺砌或消能设施构成。山区公路涵洞常用洞口形式有八字墙洞口、端墙式洞口和跌水井洞口。

1.1.2 高填土涵洞的定义及特点

1.1.2.1 高填土涵洞定义

在我国现有的《公路桥涵设计通用规范》（JTG D60—2015）中，对高填土涵洞并没有明确定义。我国《公路路基设计规范》（JTG D30—2015）中，填方总高度超过 18m（土质）或超过 20m（石质）的路堤称为高路堤[10]。在确定高填土涵洞与低填土涵洞的填土高度界限时，高填土涵洞上的填土压力的确定不同于低填土涵洞，高填土涵洞的填土压力并非随着填土高度的增加而线性增加，因此划分高填和低填可以根据涵洞上填土的具体高度来确定。根据高填土涵洞产生拱效应的填土高度，同时考虑到施工中填土性质和压实度变化对土压力及涵洞结构安全性的影响。重庆大学杨锡武[43]、长安大学李静[15]在研究中建议，将涵顶填土高度 18m 作为划分高填土涵洞与一般低填土涵洞的填土高度界限。将涵顶填土高度 $H \geqslant$ 18m 的涵洞称为高填土涵洞。对设计应用而言，划分高填土涵洞和低填土涵洞，对于涵洞设计的安全可靠和经济合理具有十分重要的意义。在结构设计中，山区公路高填土涵洞多采用盖板涵和拱涵两种结构形式。

1.1.2.2　高填土涵洞的特点

就组成而言，高填土涵洞与一般低填土涵洞没有差别，但根据高填土涵洞所处地形条件、受力特点和排水要求，高填土涵洞又具有以下特点。

（1）承受的土压力大。由于填土高度大，涵洞承受的土压力随填土高度的增加而增加，导致涵洞拱圈、盖板等部位设计尺寸的增大。低填土涵洞，随填土高度增加，涵顶土压力数值呈线性增大趋势，而高填土涵洞上部的垂直土压力随填土高度的增加，呈非线性增长趋势。

（2）对地基沉降要求高。高填土涵洞一般为拱涵或钢筋混凝土盖板涵，如果基础处理不当，沿涵洞纵向产生不均匀沉降，将导致涵台的开裂或拱圈的开裂与坍塌，同时涵洞的坍塌会引起路面的沉降破坏。反过来，如果过多考虑地基沉降变形的影响，对涵洞地基进行加固处理，会导致地基、基础、涵洞结构整体刚度增大，也会加重涵洞结构的不利受力。因而高填土涵洞对地基沉降及均匀性要求较高。

（3）工程量大，造价高。相对于低填土涵洞而言，高填土涵洞上部填土高度较大，涵洞结构各部分尺寸相较低填涵洞也偏大，导致工程量增大，造价提高。

（4）加固维修难度大。高填土涵洞的填土高度大，长度大，一旦产生破坏现象，不仅会引起路基路面沉降，影响道路正常运营，而且还会由于涵洞具有较大长度，导致涵洞通风采光条件差，工作面狭窄，加固维修困难。

1.1.3　高填土涵洞研究

高填土涵洞设计方法研究是一个全新的研究领域，低填土涵洞设计可以遵循现有的《公路桥涵设计通用规范》（JTG D60—2015），而填土高度在 18m 以上的高填土涵洞结构设计却只能根据实际情况具体分析单独设计，设计时没有合适的理论指导。高填土涵洞结构设计的控制荷载为涵洞的垂直土压力，垂直土压力计算，国内外各部门采用的公式较多，计算结果偏差较大，导致一方面由于设计过分保守而造成浪费，另一方面则由于对作用于涵洞上的土压力计算偏小而使结构物发生纵向开裂，从而发生破坏。所以，合理分析影响高填土涵洞垂直土压力的各种因素和准确确定土压力数值具有重大意义。

1.2　研究背景及意义

1.2.1　研究背景

在我国过去的公路修建过程中，由于道路等级、线形标准都很低，公路线形基本是顺着地形随弯就弯修建，15m 以上的高填土路基很少，高填土涵洞也不多见。因此，公路桥涵设计标准图的涵洞最大填土高度也仅为 12m[11]。但有关资料表明，随着公路等级的提高与大量山区高等级公路的修建，为满足公路的较高线形标准的要求，高填土涵洞的数量和填土高度均呈递增趋势，12m 已是山区公路非常普遍的一般路基填土高度，填土高度在 20m 以上的路基也较为常见。以太原东山过境高速公路为例，路线全长 26.4km，全线共设 72 道涵洞，填土高度超过 20.0m 的占 1/3 以上，最大填土高度达到 54.7m；渝黔高速公路二期 G 合同段，设置了一座板厚 0.6m，跨径 4m 的钢筋混凝土盖板涵，其上填土高度达 38m；云南楚大路第四合同段的一处高填方拱涵，填土高度达 36m[12]。同时山区一些山沟较深的地段，原设计为高架桥，但由于附近有大量挖方无地方堆砌，从节约工程造价与环保出发，常将桥梁设计方案改成高路堤、采用涵洞排水的方法，这样可以降低造价，缩短工期，减少弃方，有利环保，减少公路运营期的养护维修费用，因而得到设计和施工人员的优先选择。目前我国的低填土条件下涵洞结构设计采用《公路桥涵设计通用规范》（JTG D60—2015）规定，涵洞的设计荷载采用垂直土压力计算公式 $\sigma = \gamma h$ 进行计算，在进行高填土涵洞设计时，若仍然采用这个公式计算土压力，一些高填土涵洞的结构尺寸将过分保守，造成经济上不必要的浪费；另一方面，由于高填土涵洞没有合适的土压力计算理论，部分高填土涵洞凭经验比拟设计，使涵洞结构尺寸偏小，导致部分高填土涵洞在施工期间或填土完成后即发生各种不同形式的开裂破坏，增加加固维修费用。顾安全[13]对 303 座填土较高的涵管进行开裂调查，统计表明涵管开裂占 63.5%，其中有 70% 为纵向开裂。管顶填土高度 H 愈大，管道外径 D 越大，则纵向开裂的比例越高，故工程界流传有"十涵九裂"的说法。为此，长安大学成立高填路堤下涵洞结构研究课题组，对四川、陕西、甘肃、云南的代表性高等级公路涵洞病害进行调查研究[14]，对涵洞的实际所处条件（包括涵洞结构形式、上部填料类型、地基处理方式和填土高度）、涵洞病害类型及破坏程度（包括涵洞开裂状态、裂缝倾角、长度间距等）、所采取的防治措施及相应的病害处治方法和目前的运营情况做了详细的调查，总结了涵洞的各种破坏模式，揭示了涵洞病害的普遍性。在实际工程中，还出现一些常规不易解释的现象，如对地基处理的越好，涵洞开裂的反而越严重；地基承载力越高，变形越小，开裂的越严重等。对于修筑在软土地基上的涵洞，若采用桩基础进行处理，涵洞几乎均出现裂缝，甚至会发生破坏而导致不能正常使用。

通过对这些破坏病害的进行分析，总结出涵洞破坏的大致原因如下[14]。

（1）过大的土压力是产生这些破坏病害的一个重要原因。高填土涵洞的结构设计缺乏合理的土压力计算方法，仅凭借低填土涵洞或隧道的土压力计算方法计算涵洞顶部垂直土压力，而不针对高填土涵洞本身的加载与受力特点及填土高度，进行涵洞的跨度、拱圈厚度和侧墙结构尺寸设计，使高填土涵洞结构设计过分保守或不安全，导致高填土涵洞造价的增加或产生破坏。

（2）对涵洞地基的处理常出现的失误是过多地考虑地基沉降变形的影响，过分地对涵洞地基进行加固处理。处理后导致涵洞结构和其基础、地基整体刚度增人，反而增加其上所受的土压力数值，加重涵洞结构的受力不利的情况，当涵洞承受压力超过自身材料的容许应力时就会导致结构出现各种病害。反过来，涵洞结构又将这些荷载传递到下部的基础和地基中，这样又加重基础和地基的受力不利的情况，造成恶性循环。

（3）涵洞施工和非技术方面原因也增加涵洞破坏的可能性。施工过程中，基础处理不当，产生不均匀沉降；涵洞两侧回填土没有做到对称填土，引起涵洞的偏压；涵洞两侧填土没有做到认真分层夯实，使涵洞与其两侧填土产生过大沉降差，增加涵洞顶部的土压力数值；在涵洞上填土厚度较小且没有任何保护措施下，允许涵顶通行各种施工车辆和施工机械，导致涵洞在没有交付运营前就发生破坏。

实际上在铺设涵洞时，涵洞会对其周围的填土、地基的应力场和位移场产生影响，反过来，涵洞结构自身的应力状态也会发生改变。涵洞与其周围填土、地基共同作用，构成一个变形、受力相互协调，彼此间相互关联、相互影响的统一结构体系。所以，单纯应用相关规范中的公式显然会忽视填土等其他影响因素，脱离了实际受力情况，因而正确计算涵洞竖直土压力就显得尤为重要。

涵洞垂直土压力的计算理论，不同行业的设计部门采用不同的计算公式。如土柱压力法公式为公路部门采用；铁路部门则根据实践和调查相关行业资料绘制经验曲线用于确定涵洞土压力；冶金部门则采用顾安全公式或经验数据。上述土压力的计算理论和方法存在较大的差异，有些计算公式使计算结果偏大，有的则偏小，导致一方面由于设计过分保守而造成浪费，另一方面则由于土压力计算偏小而使结构断面强度不足而出现纵向开裂和破坏的现象。

因此，正确认识分析涵洞破坏原因，建立相应的合理土压力计算公式，采取经济而有效的工程措施预防涵洞病害的发生，在涵洞研究课题中显得尤为重要，同时也是很有实际意义的。

1.2.2　研究意义

20 世纪 90 年代中后期，随着国家经济的快速发展，在中央提出振兴东北地区等老工业基地的战略举措下，辽宁省结合本省的实际情况，也提出了新一轮的交通发展规划。在省内（主要在辽东、辽西）投资建设大量的山区高等级公路，为了满足高等级公路的线形标准要求，高填深挖路基已是山区公路常见的路基结构形式。高填土地段为了满足排水与人行的要求，需要在这些高填土路段修筑构筑物，高填土涵洞应运而生。对于低填土涵洞结构，依据《公路桥涵设计通用规范》（JTG D60—2015）进行设计，而高填土涵洞土压力计算公式涉及很多影响因素，如填土高度、填土土质、地基刚性条件等，如何综合考虑各因素后提出符合工程实际的土压力计算公式是现阶段公路涵洞设计需要解决的问题。

本书依据推导出的相似指标，采用相似材料制作涵洞模型，完成一定数量的相似材料模型试验，模型试验的开展是以辽宁中部环线高速公路三个标段处的实际涵洞结构为工程背景的，得出涵洞填土应力场、位移场及涵洞自身结构应力场。同时采用有限元分析软件进行数值模拟，考虑地形条件、填土材料特性、地基条件和涵洞结构形式对涵洞垂直土压力分布的影响。在此基础上建立起反应高填土涵洞实际受力情况的土压力公式，并将其与模型试验实测数据和其他行业土压力公式进行对比验证。最后以各模型试验的实测数据为样本，样本包含涵洞结构应力的定量数据和填土材料、地基处理、涵洞结构形式信息的定性数据，采用自行编制的自适应遗传算法-神经网络系统（AGA-BP）对涵洞结构的变形（应力）进行预测，该系统采用自适应交叉、变异概率公式，在最优预测误差的适应度函数约束下搜索出最佳网络结构，通过对比实测数据，得出优化确定的网络结构进行预测的效果是可以接受的。

无论在工程数量和造价上，高填土涵洞发展在整个公路建设中都呈现上升趋势，本书对正确计算高填土涵洞垂直土压力，指导实际的涵洞结构设计，制定统一的设计标准，具有一定的指导意义，可为拟建或者待建的类似工程提供参考。

1.3 国内外研究现状

欧美等经济发达国家注重环保，进行公路建设时会尽量减少对天然土体的破坏，逢山挖洞、遇沟架桥等行为较少。在同样公路等级和地形条件下，其高填土涵洞的数量很少，相关的高填土涵洞的研究成果并不多见，更多集中于一些低填土涵洞或地下洞室的土压力计算理论研究[114-117,119]。相比之下，前苏联对高填土涵洞这种散粒体作用下的地下填埋洞室研究较多且较为深入，克列因所著的《散粒体结构力学》对研究高填土涵洞的土压力计算理论具有重要的参考价值。本书通过参阅大量文献，将对高填土涵洞的研究现状分别从计算理论、模型试验、数值模拟、现场测试和神经网络与遗传算法的智能方法这五大方面进行阐述。

1.3.1 计算理论研究

填埋式地下涵洞的土压力计算方法众多，典型的涵洞垂直土压力计算方法大致可分为五类。

1.3.1.1 从散体极限平衡条件出发的计算方法

该方法是由美国土木工程协会前主席马斯顿（Marston）提出的。该方法是在"摩擦学说"的基础上发展起来的，其假定涵洞不可压缩，涵洞填土在沉降过程中产生于涵洞同宽的两个垂直滑动面。马斯顿在这些假定基础上应用极限平衡条件，于 1913 年发表论文《沟埋管道荷载理论及水泥管、陶土管和污水管的试验》，推导出了垂直土压力计算公式，此公式就是现在公认的马斯顿（Marston）公式。

Marston 公式的提出基于三点假设。

（1）剪切面假设。沿管道水平直径两端点，向地面引垂线，把管周围土体分为三部分，管顶上方为内土柱，其两侧为外土柱，内外土柱的分界面称为剪切面，在土体沉陷变形过程中，内外土柱通过剪切面做相对运动，并产生剪切力。

（2）极限平衡状态假定。内、外土柱间的相对运动，用极限状态表示。

（3）管顶垂直土压力分布按抛物线假定。

同时，Marston 运用了等沉面的概念，即管顶填土的内土柱与管顶填土的外土柱存在沉降差异，这种沉降差异随着填土高度的增加而逐渐减小。当填土高度达到某一临界值 H_e 后，这种沉降差异可忽略不计；H_e 以上填土可认为均匀沉降，相应于 H_e 的平面，称为等沉面。这种垂直土压力计算方法的物理力学模型如图 1.2 所示[15]。

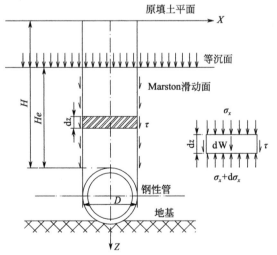

图 1.2 马斯顿极限平衡法物理力学模型

取微元体列平衡方程式，求解微分方程，得到上埋式管道土压力计算公式。当 $H \leqslant H_e$ 时，

$$\sigma_z = \frac{\gamma D}{2Kf}(\mathrm{e}^{2Kf\frac{H}{D}} - 1) \tag{1.1}$$

当 $H > He$ 时，

$$\sigma_z = \frac{\gamma D}{2Kf}(e^{2Kf\frac{He}{D}} - 1) + \gamma(H - He)e^{2Kf\frac{He}{D}} \tag{1.2}$$

式中　γ——上部填土的重度；

　　　f——$\tan\varphi$；

　　　φ——填土的内摩擦角；

　　　K——土压力系数，Marston 公式中取为主动土压力系数：$K = \tan^2\left(45° - \dfrac{\varphi}{2}\right)$；

　　　D——埋管的直径；

　　　H——上部填土的高度。

前苏联的克列因博士也较为深入地研究了埋入散粒体（土体）内结构物上的土压力，他在《散粒体结构力学》著作中提出填埋于散粒体内的结构物的土压力计算方法和考虑拱效应的土压力计算方法，同时介绍了一些相关的室内试验与现场测试成果，对研究高填土涵洞的土压力计算理论具有重要的参考价值[25]。

国内许多学者也致力于填埋式结构物垂直土压力的研究。浙江大学曾国熙教授于 1960 年对马斯顿公式进行了修正，第一次将压缩地基上的土坝由于横断面沉降不均匀所引起的土拱作用，考虑到涵洞土压力计算中来[17]，推导出管顶垂直土压力计算公式。刘祖典教授于 1963 年对马斯顿公式进行了修正，其公式的计算结果均小于马斯顿公式的计算结果[18]。田文铎利用散粒体极限平衡理论和假设的计算模型推导了刚性管道和柔性管道的土压力计算公式[19]。刘全林假定了管道变形后引起的土滑动体破坏形状，提出土压力计算模型，推出计算公式[20]。王秉勇等假设涵洞与其上填土形成一倒三角形楔形稳定体，由此推导涵顶土压力的计算公式[21-24]。

1.3.1.2　"卸荷拱"计算方法（卸荷拱理论[25]）

卸荷拱法是从 1907 年苏联普罗托基亚可诺夫提出的隧道（或坑道）土压力计算的"卸荷拱"理论派生出来的。他认为岩体中存在许多纵横交错的节理裂隙和各种弱面，将岩体切割成尺寸不等、形状各异、整体性完全破坏的小块岩体；由于岩块间相互嵌入，可将其视为具有一定内聚力的松散体；在岩体中开挖洞室后，由于应力重分布，使洞室围岩发生破坏，并引起顶部岩体发生塌落；当这种顶部塌落达到一定程度后，岩体进入新的平衡状态，形成一自然平衡拱，有的把这种拱叫压力拱。根据普氏卸荷拱理论及涵顶填土材料的性质，当涵管埋置较深时，由沉降产生的滑动面不可能贯穿填埋土体（散粒体）的整个厚度，而是到一定高度后彼此连接，在涵管上方也形成一个封闭区，在封闭区上方形成自然卸荷拱，作用于涵管上的压力等于破坏区（卸荷拱里的区域）所包括的土体重力，作用于涵管上的垂直土压力小于顶部土柱的重力，而等于卸荷拱下的"移动"土体的重力。这种方法的力学模型与计算原理如图 1.3 所示。

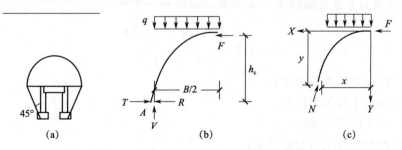

图 1.3　普氏卸荷拱理论的物理力学模型

卸荷拱的形状是一条抛物线，卸荷拱的最大高度 $h_c = \dfrac{B}{2f}$。

作用于涵管上的呈抛物线分布的土压力的最大值为

$$\sigma_v = \gamma h_c = \frac{\gamma B}{2f} \tag{1.3}$$

式中，B 为卸荷拱的计算跨度，$B = b + 2h_0 \tan(\pi/4 - \varphi/2)$；$b$ 和 h_0 分别为涵管的宽度和高度。

这种方法计算涵洞垂直土压力时，当填土高度达到 h_c 后，土压力数值不再增加，这种计算方法偏离涵洞实际受力情况，同时实践也表明在填土中很难形成稳定的卸荷拱。

1.3.1.3 土柱压力法

土柱压力法假设涵管不改变土体的极限应力状态，并把问题看作静力平面问题，假定土压力与填土厚度成比例的计算方法。该方法是由交通部于 1954 年颁布的《公路工程设计准则》提出的，并一直沿用至今。该方法忽略由于涵洞和两侧填土刚度差异在涵洞顶部造成的应力集中现象，在填土高度较小的情况下，涵洞结构设计的安全度常常弥补计算的土压力偏小的危害，但在高填土涵洞土压力计算情况下，涵洞破坏不可避免。则位于距地面深度为 Z 处的涵管顶部任一点的垂直应力可用下式计算：

$$\sigma_z = \gamma Z \tag{1.4}$$

根据上式可得作用在涵管顶部的垂直压力的合力等于涵管上方土体的重力。

1.3.1.4 垂直土压力集中系数法

相较于土柱压力法，苏联工程师维诺格拉多夫建议采用形式更为简单的垂直土压力集中系数法，考虑涵管与土相对刚度比不同导致土体沉陷变形过程中引起的土体内部应力重分布及其对涵管受力的影响，建立如下公式：

$$\sigma_z = K_s \gamma Z \tag{1.5}$$

式中，K_s 为土压力集中系数，依据实际经验确定。该公式形式虽然简单，但系数凭借经验得出，计算显得粗略。

1.3.1.5 从变形条件出发，以弹性理论解为基础的土压力计算方法

捷克的 M. L. 普鲁什卡于 1961 年提出的计算方法是从填土、地基和涵洞变形条件出发，以胡克定律为基础，把涵洞填土假定为半无限弹性体，用弹性理论得出由涵洞和填土的相应变形计算出作用在涵洞上的附加应力，附加应力与洞顶土柱压力之和构成总的垂直土压力。

1963 年顾安全教授通过室内模型试验总结出影响涵洞受力的各种因素，并将这些因素对土压力的影响归结为洞顶平面内外土柱间沉降差 δ 这一变量上。以此为基础推出相应的公式，于 1981 年发表文章详细阐述[13]，并被多位学者参考引用[16,26,32,35,39]。

$$\sigma_v = \gamma H + \frac{\gamma h \left(H + \dfrac{1}{2}h\right)E}{\omega_c D (1 - \mu^2) E_h} \eta \tag{1.6}$$

式中 h —— 涵洞突出地面高度；

     H —— 涵洞上部填土高度；

     μ —— 填土的泊松比；

     E —— 涵顶部填土的变形模量；

     E_h —— 涵洞两侧同高度填土的变形模量；

ω_c——与刚性涵洞长宽比有关的系数;

η——涵洞截面的外形影响系数。

1.3.2 模型试验研究

文献 [27] 用离心模型研究了砂土中箱涵洞等地下结构的动力学行为;文献 [28] 用大比例模型试验研究了涵洞受力情况,该模型用砂做填料,测试了模型结构的变形、压力和应变,并与理论分析结果进行了对比。文献 [115] 测试孔箱涵的性能,通过在涵洞上安装土压力计、弯矩和变形测量仪器,其中弯矩通过埋设钢筋的应变进行间接测试,所有仪器都在施工填筑期间进行定期观测,除此之外还用 2 英尺堆载堆填筑作为动荷载加于涵顶面,对箱涵在土和汽车荷载作用下的性能进行了详细研究和讨论。

国内具有代表意义的模型试验[13]是由顾安全主持进行的。该实验在室内用风干砂作涵洞填料,用木块模拟涵洞,用千斤顶控制底板移动,重点研究了地基刚度与涵洞刚度之差在涵洞上引起的附加应力变化情况,得出涵顶附加土压力的大小完全取决于涵顶与涵台外沉降差 δ 变化的结论,并推出相应的土压力计算公式。这种方法考虑了由涵顶填土与涵台外填土沉降差产生的附加剪应力作用。但相对于涵洞顶部 $20\sim50m$ 的填土高度产生的土压力而言,涵顶填土和涵台外填土沉降差产生的附加剪应力是有限的,故附加剪应力在什么条件下应该考虑尚需进一步研究。折学森和王晓谋也进行了相关模型试验研究,折学森侧重研究地形条件(沟谷地形)对涵洞受力的影响规律,提出了沟谷地形中涵洞土压力计算公式,验证了沟谷地形条件对涵洞受力具有减荷影响[29-31];王晓谋则重点研究了涵洞垂直土压力的减荷措施,通过在涵顶铺设一定厚度的柔性材料(EPS),考虑柔性填料的厚度、变形模量以及涵洞凸出地面高度等因素对涵顶垂直土压力的影响规律,并从涵洞周围填土的变形入手,以弹性理论为基础,应用叠加原理推出减荷条件下涵洞垂直土压力计算公式[32]。冯忠居提出确保路基中涵洞结构物合理受力的有效措施[33],包括利用天然冲沟地形边坡对涵洞的受力具有明显的减荷作用,两侧的地形边坡容易提供卸荷拱形成的水平抗力;在涵洞顶部采取铺筑柔性材料;使涵洞顶填土的压实度小于涵洞两侧填土的压实度;允许地基在运营中有适量的变形,以减小作用在涵洞顶上的土压力。

国内唯一一个三维模型试验是肖勤学[34]以李子亚煤矿高填方涵洞为工程背景完成的。该实验用 1:25 的相似比制作三维相似材料模型,其中混凝土基岩和涵洞采用石膏砂浆模拟,河砂和碎石按一定比例配合模拟碎散体,以此来研究涵洞垂直土压力随填料高度变化的情况。其研究结果表明,随着填料高度的增加,涵洞顶部的土压力增大,但并非线性增加,当填料层厚度大于 5 倍涵洞宽度时,涵洞顶部土压力小于其上的填土自重,试验结果与现场监测结果较为吻合。试验证明了碎散体具有成拱作用,并证明其压力拱形状为半椭圆,进一步推导出了碎散体涵洞的半椭圆形压力拱曲线,并以能否形成压力拱为条件,提出划分深埋洞室与浅埋洞室的填土高度计算公式。深埋洞室的填土高度为

$$h \geqslant \frac{2a}{\tan^2(45°-\varphi/2)\tan\varphi} \tag{1.7}$$

能形成全压力拱的浅埋洞室的填土高度为

$$h < \frac{2a}{\tan^2(45°-\varphi/2)\tan\varphi} \tag{1.8}$$

式中,$2a$ 为涵洞的外径;φ 为填土的内摩阻角。

由模型试验得出的公式是以填土材料为碎散体为前提，公路中高填土涵洞上部的填土很难形成稳定的卸荷拱，故这个公式不适用于填土材料为砂土、黏土的高填土涵洞垂直土压力计算，否则会导致因计算荷载偏小而存在工程隐患。

杨锡武采用平面应变二维模型，用有机玻璃模拟涵洞，用黏土作为填土材料，进行相似模拟试验。试验发现当填土达到一定高度时，涵洞上方会产生不稳定卸荷拱，且涵顶土压力随填土高度呈非线性增加的趋势。

1.3.3 有限元数值模拟分析方法

此种方法是用有限元对涵洞及其周围土体划分单元，建立刚度矩阵，求解位移和应力。有限元数值模拟可以用于求解非线性问题，处理非均质、各向异性材料，能适应各种复杂的边界条件，但其计算结果的准确程度在很大程度上取决于土体的本构关系和计算参数的选取。

1981年，黄清猷[35,36]应用有限元法对地下结构物垂直土压力进行了分析。郝宪武利用编制的有限元程序，采用弹黏塑性土体模型研究了上埋式涵洞涵顶垂直土压力问题[37]。冯居中、折学森等人通过数值模拟对高填土涵洞的结构受力及影响因素进行分析计算和研究，从理论上对高填土涵洞的受力机理进行了探讨[38-40]。李俊伟、罗智刚[41,42]对涵洞施工全过程进行弹塑性模拟，模拟过程包括涵洞基坑开挖过程的模拟以及涵洞施工完成后逐级填土的模拟，得到基坑开挖时土体变形和应力变化的一般规律和施工结束时的位移场和应力场。杨锡武[16,43,44]和刘静[15]分别采用有限元软件 ANSYS、MARC 对高填土涵洞进行数值模拟，得出涵洞顶部和侧向土压力的分布规律。

1.3.4 现场测试研究

国内外很多学者依托实际工程开展这方面的试验研究工作[45,46]，在两段填土高度为12m的新修箱涵中埋设仪器，找出涵顶土压力分布与路堤高度的关系，并用有限元分析了涵洞底部的侧向土压力，其结果与测试结果一致。S. L. Gassman 等人对高密度聚乙烯管涵进行了现场监测，通过现场拍摄的视频资料指出施工过程诸如地基处理不当、路基填料选择不当、碾压不密实等情况会造成涵洞的破坏[47]。车爱兰[48]等人对大跨径模拟波纹钢管涵进行了一系列振动台试验，使用动力有限元方法进行了数值分析，以探明强地震下涵洞的动力效应及稳定性。

至今规模较大、内容较全的现场测试是林选青在1989年进行的涵洞土压力现场测试研究。测试内容包括涵洞断面及两侧土体的竖向土压力、地基、涵洞及其两侧土体的沉降、结构内应力、地基反力。测试段填土高度达到25m，测得的垂直土压力集中系数大都在1.2～1.5之间[49]。

顾安全依托广东广惠高速公路32m高填土拱涵及四川南广高速公路相关涵洞，进行为期3年的现场数据采集工作。金滨[50]对涵顶涵侧同时铺设 EPS 板等三种不同柔性填料进行减荷试验，试验证明 EPS 板减荷效果显著，同时解决涵洞在填土中路面沉降不均的问题[50]。

韩拴奎开展现场试验，通过土压力和路基沉降测试，证明文献［13］中的一些假设[51]的实用性良好。

谢永利依托广州北二环高速公路和甘肃天巉公路，进行全断面土压力测试，并埋设沉降杯观测涵顶平面土层的沉降变形。本次测试是为数很少的现场测试出沉降量的试验，并验证了涵顶土层在堆填过程中不均匀沉降而形成曲面的现象。本次试验也考虑沟谷地形对涵洞受力的影响，发现土压力集中系数会出现小于 1 的情况[52]。

孙长生[53]根据隧道的卸荷拱理论，将涵洞顶部 24.53m 的填土压力减为按 10m 高设计，修筑了 1 跨 3m 的拱涵，拱圈厚 0.40m，用 M7.5 浆砌片石砌筑，拱圈的矢跨比 1/2，采用土牛拱胎施工。在施工过程中，当填土高度达到 18m 时，拱圈上出现了顺涵的纵向裂缝，裂缝从上游拱脚处斜向延伸至下游洞口另一侧的拱脚处，在中部近拱顶处约 8.0m 处的一段内裂缝最宽达 10mm 以上，但裂缝经过一个多月观察未发展。后来也未进行加固，继续填筑，直到设计标高。最后整道涵洞未作加固，裂缝尚未发展，趋于稳定。故该文献建议在高填土涵洞设计中可以采用卸荷拱理论，以减少一部分土压力，使涵洞结构经济。这是典型的应用卸荷拱理论，考虑了高填土涵洞拱效应而设计的涵洞，为后来高填土涵洞设计是否考虑拱效应提供了现场试验实例。

1.3.5　智能方法应用

遗传算法（Genetic Algorithms，GA）与人工神经网络（Artificial Neural Network，ANN）是人工智能的两个极其重要的分支，近年来得到了迅速的发展，应用也非常广泛。人工神经网络研究始于 20 世纪 40 年代，但是直到 20 世纪 80 年代末期，人工神经网络才开始在土木工程中得到应用。在国内，20 世纪 90 年代初张清教授将人工神经网络引入到岩石力学，进行岩石力学行为的预测研究，开启了神经网络在土木工程、岩土工程中的应用。

在公路工程中，神经网络主要用于预测路基沉降量，利用地基前期的沉降观测数据来推测后期沉降量和最终沉降量，从而提高预测精度[54]。文献 [55] 结合连徐高速公路软土地基沉降实测数据，建立沉降预测模型并进行预测分析。朱红霞建立了根据路基沉降各影响因素预测最终沉降量的 BP 网络和根据某一路段前期实测沉降数据预测其后期沉降的 Elman 网络[56]。

人工神经网络中应用最为广泛的是 BP 网络，BP 网络以其高度的非线映射能力、泛化能力、容错性以及易实现性，倍受人们的青睐，其对于无法建立起准确数学模型的复杂事件，可以提供有效的数值预报。但它存在着收敛慢和易陷入局部极小值的缺点，这正好与遗传算法全局收敛性的优点形成了互补。如果将两者结合，可以提供一种新的研究思路。很多文献表明，许多学者进行了这方面研究，文献 [57] 以高速公路沥青路面为对象，建立一种科学的高速公路沥青路面使用性能混合 GANN 评价方法，文献 [58] 结合神经网络和遗传算法的优势，将之应用到桥梁监测与维护技术中。

诸多学者将人工神经网络与遗传算法相结合，提出用于位移反分析的进化神经网络。所涉及的研究成果包括描述岩体的力学参数与岩体位移之间的非线性关系[59]，高边坡开挖变形智能预测[60]，大型洞室锚固参数智能优化[61]等。

从 20 世纪 90 年代初到现在，智能方法在地下工程、土木工程中取得了不少成果，这也从侧面反映出应用神经网络方法解决这类工程问题的有效性。

1.4　主要研究工作

1.4.1　主要内容

目前日益增多的高填土涵洞工程没有相应适用的理论指导，导致在实际设计中由于不正确的土压力计算公式而出现各种病害。高填土涵洞垂直土压力计算过大，造成涵洞结构设计不经济，土压力数值过小导致涵洞施工或运营期间出现各种破坏病害。针对以上问题，本书主要进行以下几方面研究。

（1）相似材料涵洞模型制作。高填土涵洞模型试验的涵洞模型采用相似材料制作。相似材料通过对比试验选用砂、石膏和硅藻土的混合物。在基于相似定理、量纲分析法推出的相似指标指导下，决定相似材料配比是否符合要求。用相似材料制成拱涵和盖板涵两种涵洞结构形式，以便研究涵洞结构受力状态。

（2）高填土涵洞模型试验研究。设计制作模型试验箱，在涵洞模型上逐层填土加载模拟实际施工过程。相似材料制成的拱涵、盖板涵上布置应变片，测试随其上部填土高度的增加自身结构应力场的变化，得出涵洞自身结构的应力分布；在填土的不同标高处埋设土压力计，测试埋设涵洞的周围土体（包括涵洞顶部、侧面填土和地基土层）应力场变化，得出其分布；探讨涵洞初期病害原因；在填土的不同位置埋设沉降标志，测试随填土高度的增加涵洞顶部、底部土体的沉降变形，得出其位移场变化情况，总结出土压力与沉降变形的联系。

（3）高填土涵洞现场试验研究。依托实际工程，选取两处高填土涵洞完成现场试验研究。涵洞结构形式分别为拱涵和盖板涵，完成监测方案制定、监测仪器的布设和监测数据采集。根据实测数据分析涵洞顶部、侧面土压力与填土高度的关系，对模型试验和数值模拟结果进行验证。

（4）考虑多种影响因素的有限元数值模拟研究。考虑涵洞埋设的地形条件、填土特性、地基处理方式的不同和涵洞结构形式等因素对高填土涵洞土压力的影响，设计出 20 组数值模拟方案。总结出影响土压力分布的主要因素，为建立高填土土压力公式提供参考。

（5）不同地基形式下的高填土涵洞土压力计算理论研究。由模型试验数据和数值模拟结果得出在附加应力和土拱效应共同作用下的高填土涵洞土压力分布规律，并分别建立刚性和柔性两种地基形式，进而得出对应的高填土涵洞土压力计算公式。公式以填土高度 h_0 为分界，建立刚度差异引起的附加应力作用和土拱效应作用的两个阶段土压力公式。与模型试验实测的数据、其他九种规范公式对比验证，发现本书的计算公式符合土压力分布。

（6）自适应遗传算法-神经网络（AGA-BP）智能系统对涵洞变形（应力）的预测研究。将实测数据和考虑地基处理方式，填土材料及涵洞结构形式的定性数据组成样本，利用神经网络强大的非线性映射能力，对涵洞自身结构应力进行预测。提出自适应的交叉、变异概率公式，适应度函数确定为 BP 累计预测误差标准差并作为网络训练的判定标准，可以有效地防止神经网络的"过训练"问题。基于 matlab 工程软件为平台，自行编制自适应遗传算法-神经网络智能系统，并对网络结构进行不断地优化，得到全局意义的最优神经网络结构。该结构的预测结果与实测结果对比表明该系统是可行的。

1.4.2 主要创新点

（1）本书替代有机玻璃、木块等其他材料模拟涵洞，采用与现场涵洞力学性能相似的砂、石膏和硅藻土相混合的相似材料制作涵洞小比例尺模型，实现填土、涵洞材料全过程的相似模型试验研究。通过相似材料涵洞模型测点应力分布的得出，探讨涵洞破坏模式及破坏原因。

（2）通过模型试验和数值模拟研究，证明填土达到一定高度后，确实产生土拱效应，但其具有不稳定性。同时得出高填土涵洞垂直土压力分布由刚度差异产生的附加应力作用和应力重分布产生的土拱效应共同影响综合决定的，分析时应综合考虑这两种作用。

（3）基于上述土压力分布结果，分别建立刚性、柔性两种地基处理方式下的高填土涵洞垂直土压力计算公式，并用试验数据加以验证。

（4）建立自适应遗传算法-神经网络系统，该系统通过建立自适应交叉、变异概率公式改进标准遗传算法的交叉、变异操作，同时以 BP 神经网络预测的累积误差标准差做为适应度函数，防止"过训练"的同时，有效地实现对涵洞结构自身变形（应力）的预测研究。

1.4.3 主要研究路线

本书具体的研究路线如图 1.4 所示。

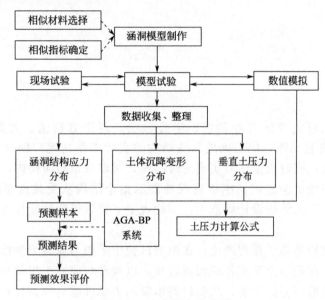

图 1.4 本书研究路线图

第**2**章
高填土涵洞的相似材料试验

2.1 概述

当今公认的五大研究方法有经验法、半经验法、理论分析法、数值仿真法和相似方法[62]。模型试验具有直观性，能正确地反映结构的实际工作情况，因此它不受数值分析方法中简化假定的影响；同时模型试验实现的时间短，可以在很短时间内，再现实际需要几年时间观测的结果；模型试验还可清晰而直观地展示整个结构从受载直至破坏坍塌的全部过程。因此，在一些国家的结构设计规范中，明确规定了要以模型试验作为论证设计方案或提供设计参数的手段[63]。

相似材料模型试验是基于相似理论，在模型试验中采用与原型力学性质相似的材料，按几何常数制成模型，在模型上模拟各种加载过程，以观察与研究工程的变形和破坏等力学现象。随着相似材料性能研究的发展，相似材料本身的力学性能与原型材料的力学性能的差距正在缩小，这为相似材料模型试验研究广泛应用于地下工程力学问题中提供广阔的前景。同时，当开展现场试验难度较大时，简化了的数学模型计算机分析结果常常需要用相似材料模型试验来加以验证。本章原型涵洞的材料参数来源于鹤大高速公路恒仁新开岭（辽吉界）至丹东古城子段处的高填土涵洞工程。

2.2 模型试验的理论依据

工程结构模型试验的理论是以相似原理和量纲分析为基础的，以确定模型设计中必须遵循的相似条件为目标[64]。只要设计的模型满足相似条件，由实验室得出的试验数据可根据相似关系直接换算为原结构的数据。

2.2.1 相似的定义

如果表征一个系统物理现象的全部量（线性尺寸、力、位移等）的数值，可由第二个系统中相对应的诸量乘以不变的无量纲数得到，这两个系统的物理现象就是相似[65]。

2.2.2 相似三定理[66]

第一相似定理（正定理）：指彼此相似现象的单值条件相同，相似准数也相同。

第二相似定理（派定理）：指某一现象各物理量之间的关系方程式都可表示为相似准数间的函数关系。

$$f(x_1, x_2, x_3, \cdots) = \phi(\pi_1, \pi_2, \pi_3, \cdots) = 0 \qquad (2.1)$$

一个物理系统有 n 个物理量，其中有 k 个物理量的量纲是独立的，则它可表达为（$n-k$）个相似准则的函数关系。

第三相似定理（逆定理）：现象的单值条件相似，并且由单值条件推导出来的相似准数的数值相等。

第一、第二相似定理给出了相似判定的必要条件，而第三相似定理是现象彼此相似的充分必要条件。

2.2.3　单值条件

模型试验相似具体指单值条件相似，单值条件指以下三方面。

（1）空间条件：主要指模型和原型的几何条件相似；

（2）物理条件：指在所研究的过程中具有显著意义的物理常数满足相似指标的要求；

（3）时间条件：指在试验期间两个系统的边界条件相似，两个系统的初始状态相似。

2.2.4　相似常数

模型和原型相似，则二者相对应的物理量的比值为相似常数。

2.2.5　相似指标

参与研究对象各物理量的相似常数之间必定满足一定的组合关系，当这相似常数的组合关系式等于 1 时，模型和原型相似，这种等于 1 的相似常数关系式称为模型的相似指标。各物理量的相似常数不是都能任意选择的，它们的相互关系受相似指标制约。只要设计的室内模型满足相似指标，可以根据模型试验的结果，直接换算为实际原型结构需要的数据和结果。这样，相似指标的确定就成为模型设计的关键[65]。目前相似指标的导出方法主要有三种，定律分析法、方程分析法和量纲分析法。当待考察问题的规律尚未完全掌握、没有明确的函数关系式时，多用到量纲分析法。

2.3　基于量纲分析法的试验相似指标的确定

模型设计的基本思想：工程结构模型试验采用的模型是仿照原型结构按一定相似关系复制而成的代表物。它具有原型结构的全部或主要特征，只要设计的模型满足相似指标，则通过模型试验获得的数据和结果可以直接推算到相应的原型结构上[66]。

2.3.1　试验设计的相似常数

模型试验考虑材料的全过程相似模拟，包括填土材料和涵洞材料两方面相似。填土材料采用砂、黏土两种相似材料，填土埋深满足几何相似，具体阐述见本书第 3 章。车辆荷载和填土自重看作涵洞的外部荷载，对于高填土涵洞而言，车辆荷载对涵洞的作用相对于涵洞上部填土自重产生的土压力，其数值是很小的，可以忽略不计。涵洞模型材料力学性质和现场结构相似，故对涵洞材料而言，试验中涉及的相似常数定义如下。

几何相似常数 $C_l = \dfrac{l_p}{l_m}$，重度相似常数 $C_\gamma = \dfrac{\gamma_p}{\gamma_m}$，弹性模量相似常数 $C_E = \dfrac{E_p}{E_m}$，单轴抗压强度相似常数 $C_{\sigma_c} = \dfrac{\sigma_{cp}}{\sigma_{cm}}$，劈裂抗拉强度相似常数 $C_{\sigma_t} = \dfrac{\sigma_{tp}}{\sigma_{tm}}$，泊松比相似常数 $C_\mu = \dfrac{\mu_p}{\mu_m}$，内摩擦角的相似常数 $C_\varphi = \dfrac{\varphi_p}{\varphi_m}$。

其中下标 m 表示模型，下标 p 表示原型。

2.3.2 量纲分析法（Buckingham π 定理，量纲齐次法则）

量纲分析法（Buckingham π 定理）是由 1914 年英国学者白金汉提出的，其又称第二相似定理[118]，内容如下。

如果一个物理方程式含有 n 个参数 x_1，x_2，$\cdots$，x_n 和 r 个基本量纲，则此物理方程式可以写成有 $(n-r)$ 个独立的 π 数方程式，即：$f(x_1, x_2, \cdots, x_n) = 0$，或等效为 $\varphi(\pi_1, \pi_2, \cdots, \pi_{n-r}) = 0$，这些 π 项是物理量 x_1，x_2，$\cdots$，x_n 的无量纲积。

量纲分析步骤如下：

(1) 写出包括全部变量的一个物理过程的函数 $f(x_1, x_2, \cdots, x_n) = 0$；

(2) 确定其中独立量纲的个数 r；

(3) 将函数 $f(x_1, x_2, \cdots, x_n) = 0$ 写成连积的形式；

(4) 用 r 个基本量纲代替上式，得出 n 个未知量的 r 的方程纲 D；

(5) 用该方程组 D 的任意一个解代入 $f(x_1, x_2, \cdots, x_n) = 0$ 中，整理后得到具有 $(n-k)$ 个无量纲群的 π 数。

2.3.3 试验相似指标的确定

基于量纲分析法基本思想的介绍，模型和原型结构相似的条件是相应的 π 数相等，由此可得出相似指标。试验中主要考虑的物理参数有：填土层的高度（l），填土体的重度（γ），填土压力（σ），材料的弹性模量（E），材料的泊松比（μ），材料的内摩擦角（φ）。各物理量的量纲如表 2.1 所示。

表 2.1 材料参数量纲表达式

物理量	符号	量纲（FL 制）
高度	l	$[L]$
重度	γ	$[F][L^{-3}]$
应力	σ	$[F][L^{-2}]$
弹性模量	E	$[F][L^{-2}]$
泊松比	μ	$[0]$
内摩擦角	φ	$[0]$

基于量纲分析法，试验确定的相似指标过程如下。

根据 π 定理，涵洞物理现象控制方程表示为

$$f(l, \gamma, \sigma, E, \mu, \varphi) = 0 \tag{2.2}$$

地下工程中通常体积力即为重力，故选择重度 γ 和长度 l 作为基本量群的物理量，由量

纲分析法（π 定理）令式（2.2）为

$$M = Kl^a \gamma^b \sigma^c E^d \mu^e \varphi^f \tag{2.3}$$

式中，M 和 K 为常数。

式中包含基本量纲 $[F]$、$[L]$，用其表示式（2.3）为

$$\pi = L^a (FL^{-3})^b (FL^{-2})^c (FL^{-2})^d (F^0)^e (F^0)^f \tag{2.4}$$

整理得，$\pi = L^{a-3b-2c-2d} F^{b+c+d}$ \qquad (2.5)

由式（2.5）量纲相等得到量纲方程组为：

$$\begin{cases} a - 3b - 2c - 2d = 0 \\ b + c + d = 0 \end{cases} \tag{2.6}$$

解得：

$$\begin{cases} a = -c - d \\ b = -c - d \end{cases} \tag{2.7}$$

代入式（2.3）中有：

$$M = K(l^{-c-d} \gamma^{-c-d} \sigma^c E^d) \tag{2.8}$$

整理得，

$$M = K \left(\frac{\sigma}{\gamma l} \right)^c \left(\frac{E}{\gamma l} \right)^d \tag{2.9}$$

则

$$\pi_1 = \frac{\sigma}{\gamma l}, \ \ \pi_2 = \frac{E}{\gamma l} \tag{2.10}$$

无量纲参数

$$\pi_3 = \mu, \ \ \pi_4 = \varphi \tag{2.11}$$

根据两个力学现象相似则相似指标相等，有：

$$\frac{\sigma_p}{\gamma_p l_p} = \frac{\sigma_m}{\gamma_m l_m}, \ \ \frac{E_p}{\gamma_p l_p} = \frac{E_m}{\gamma_m l_m}, \ \ \mu_p = \mu_m, \ \ \varphi_p = \varphi_m \tag{2.12}$$

或

$$\frac{C_\sigma}{C_\gamma C_l} = 1, \ \ \frac{C_E}{C_\gamma C_l} = 1, \ \ C_\mu = 1, \ \ C_\varphi = 1 \tag{2.13}$$

基于现有试验材料和试验手段，不可能同时满足所有相似指标的要求，只需满足表征原型结构主要力学指标的抗压抗拉强度，弹性模量和泊松比相似即可，且相似程度也需参考试验实际情况而定。

综上，相似材料模型试验遵循的相似指标确定为

$$\frac{C_\sigma}{C_\gamma C_l} = 1, \ \ C_\sigma = C_E, \ \ C_\mu = 1, \ \ C_\varphi = 1 \tag{2.14}$$

2.3.4　力学指标的测定及性能

（1）抗压试验和劈裂抗拉强度试验均在 300kN 液压式压力试验机上完成。试验中发现，石膏砂浆的破坏面与混凝土类似[67,68]，且石膏砂浆也有脆性断裂的现象，如图 2.1、图 2.2。但石膏砂浆保持完整性的能力较强，破坏面比较均匀，是因为骨料相对试块总体尺寸较为均匀。

（2）弹性模量试验在上海某有限公司生产的 YAW-3000kN 微机控制全自动压力试验机上完成。

测定弹性模量时，根据压力机入口力指定 F_0 为 2000N；根据文献 [74] 要求，测定轴心抗压强度时，选定 F_a 为 6900N。采用磁力表架在试块两侧对称布置百分表，其试验装置见图 2.3。

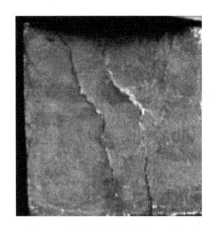

图 2.1　相似材料轴心抗压破坏

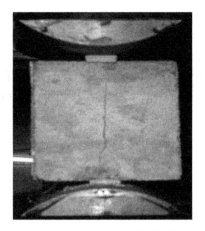

图 2.2　相似材料劈裂抗拉破坏

图 2.3　抗压弹性模量试验装置图

2.4　本试验相似材料的选择

选用的材料要求与原型材料具有物理、力学性质的相似，这样才可由模型试验中测量的应力及应变通过相似关系反推原型的应力及应变。相似指标越接近 1 越接近真实模型，相似材料力学指标与实际材料符合程度直接关系到后面模型试验数据的可靠程度，寻求相似材料及其最佳配比是进行模型试验的前提和关键。

2.4.1　相似材料的选择依据[69]

（1）主要的力学性质与模拟的结构相似。

（2）实验过程中材料的力学性能稳定，不易受温度、湿度等外界条件的影响。

（3）改变材料配比，可调整材料的某些性质以适应相似指标的需求。

（4）制作方便，成型容易，凝固时间短。

（5）保证测量要求，选择弹性模量较低的模型材料。

2.4.2 现场涵洞材料的力学参数

涵洞盖板和涵洞拱采用钢筋混凝土材料，侧墙素混凝土浇注，基础浆砌片石砌筑。现场混凝土涵洞的力学指标如表 2.2 所示。

表 2.2 涵洞力学参数

σ_c/MPa	σ_t/MPa	$\dfrac{\sigma_c}{\sigma_t}$	$E/(\times 10^4\,\mathrm{MPa})$	$\gamma/(\mathrm{kN/m^3})$	μ
38.6	4	9.65	3.35	23.8	0.18

2.4.3 试验采用的相似材料

要保证相似模拟的结果具有可以满足工程需要的可靠性，则必须保证相似模拟中相似材料的可靠性。目前研究采用的相似材料大多数是混合物，这种混合物由两类材料组成。一类是作为胶结物质的材料，另一类是作为骨架物质的惰性材料。

试验石膏采用熟石膏（建筑石膏或模型石膏 $CaSO_4 \cdot 1/2H_2O$）[70]，石膏的抗压强度和弹性模量具有很大的调节范围；硅藻土可以用来调节凝结时间，减少浆体内部的气泡含量，增加材料密实性，改善材料强度，试验硅藻土采用天津市某化学试剂厂生产的硅藻土（化学纯）。以石膏为胶结物的相似材料由于其弹性模量和抗压强度的调节范围较大，且制作工艺简单，材料来源方便，是应用最广泛的一种相似材料。砂、石膏、硅藻土相似材料可以变动砂膏比和用水量在较大范围内调整相似材料的力学性能，满足相似指标要求[71,72]。

试验采用两种相似材料，一种为石膏、硅藻土配比，另一种为砂、石膏和少许硅藻土的配比。

2.5 相似材料涵洞模型配比方案

2.5.1 试验相似材料配比确定的具体操作步骤

（1）本试验几何相似常数 $C_l = 20$，再由每组试验材料配比实测出 C_γ，由 $\dfrac{C_\sigma}{C_\gamma C_l} = 1$、$C_\sigma = C_E$ 相似指标，可以计算 C_σ、C_E。

（2）试验选择的相似材料依据正交试验进行配比，考虑砂膏比、用水量、膏土比及养护条件四个因素，每个因素对应两个或三个水平。测出试件的最基本力学指标——单轴抗压强度。以抗压强度相似指标为判定准则，在小范围内调整配比进行二次试验，测出此次试验全部力学指标。

（3）由测出的力学指标和计算出的相似常数 C_σ、C_E、C_μ，可推算出实际现场材料的各种力学指标，用下标"拟"来表示，如 $\sigma_{c拟}$、$\sigma_{t拟}$ 和 $E_拟$。

（4）通过各指标实测值和推算值的比值，权衡各指标相似程度，越接近于1，越最大限度满足相似要求，比较确定材料配比。

2.5.2 石膏、硅藻土配比

2.5.2.1 石膏、硅藻土配比方案

考虑水膏比、膏土比为主要因素，参考"用水量涉及最小掺量的问题，拌合水量过少，试件无法入模，导致试验失败[73]"，故各因素采取以下几个水平：

水膏比：1.5∶1，1.8∶1，2.0∶1；

膏土比：1∶0.05，1∶0.1，1∶0.2，1∶0.3。

2.5.2.2 试验结果

由表 2.3、图 2.4 可知，相似模型材料强度随水膏比的增大而降低，随硅藻土掺量的增加而增加。由抗压强度相似指标得到 $\sigma_{c侧}/\sigma_{c拟}$ 在 0.09～0.14 之间，远远小于 1，故采用石膏、硅藻土的混合材料制作满足混凝土力学指标的相似材料很难达到要求，故舍去这种材料组合。

表 2.3 石膏、硅藻土试验

试验序号	水膏比	膏土比	$\gamma/(kN/m^3)$	抗压强度/MPa
1	2.0∶1	1∶0.05	5.2	0.36
2	2.0∶1	1∶0.2	5.7	0.48
3	2.0∶1	1∶0.1	5.3	0.46
4	1.8∶1	1∶0.2	6.2	0.85
5	1.8∶1	1∶0.05	5.8	0.53
6	1.5∶1	1∶0.1	6.6	1.03
7	1.5∶1	1∶0.05	6.5	0.85
8	1.5∶1	1∶0.2	7.0	1.08
9	1.5∶1	1∶0.3	9.4	1.11

基于表 2.3 结果，材料质量配比与材料力学性能的关系如图 2.4 所示。

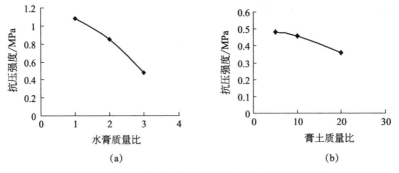

图 2.4 水-石膏-硅藻土质量比对抗压强度的影响

2.5.3 砂、石膏、硅藻土配比

石膏的抗压强度和弹性模量具有很大的调节范围，但初凝时间较短，与砂浆混合为放热反应，产生大量气泡，如果不及时排出，使模型表面产生很多孔洞，直接影响材料的强度。所以在胶结材料中依据石膏含量加入一定比例的硅藻土，硅藻土可以起一定的缓凝作用且能加速气泡逸出，增加材料密实性，改善材料强度，排除试验干扰因素。通过调整砂、石膏、

硅藻土相似材料的用量，可以改变砂膏比和用水量，能在较大范围内调整相似材料的力学性能，满足相似指标要求。

（1）正交试验设计。本书采用正交试验设计的思想来安排不同参数组合的试验研究。正交设计法是研究和处理多因素试验的一种科学方法，它是利用预先设计好的"正交表"来安排试验的，具有"均衡分散性"和"整齐可比性"，这样可以使得试验点安排得比较均匀且具有代表性，从而能达到以较少的试验得出较好的试验结果的目的。

选用 $L_9(3^4)$ 正交表安排试验，砂膏比、用水量、膏土比和养护条件对材料强度有显著影响，这些因素将作为试验主要考虑因素。试验依据表 2.4 进行设计。

表 2.4　正交试验设计表

水平	砂膏比	用水量	膏土比	养护条件
1	1.0∶1	28%	10∶1	自然养护
2	1.5∶1	33%	11∶1	烘干
3	2.0∶1	38%	12∶1	烘干

说明：①自然养护条件指空气相对湿度为 48%，养护 14d；烘干条件指在烘箱温度 35℃下连续烘 72h。

②石膏为建筑石膏，骨料为河砂，砂的级配：2～2.36mm 占 9.8%，1.5～2mm 占 22%，1～1.5mm 占 37.5%，0.5～1mm 占 17.1%，0.25～0.5mm 占 11.5%，0.25mm 以下占 2.1%。

（2）初次正交试验方案与结果。依据正交试验设计 9 组配比，满足养护条件后测量其力学指标，并对结果进行分析，具体如表 2.5 所示。由极差栏（R）得到用水量对抗压强度指标影响最大，砂膏比次之，影响程度最小的是养护条件。

表 2.5　正交试验方案与结果分析

试验序号	砂膏比	用水量	膏土比	养护条件	$\gamma/(kN/m^3)$	力学指标		
						$\sigma_{c测}$ /MPa	$\sigma_{c拟}$ /MPa	$\dfrac{\sigma_{c测}}{\sigma_{c拟}}$
1	1.0∶1	28%	10∶1	烘干	14.16	6.43	1.18	5.45
2	1.5∶1	28%	11∶1	自然养护	13.75	2.81	1.15	2.44
3	2.0∶1	28%	12∶1	烘干	13.61	2.36	1.13	2.09
4	1.0∶1	33%	12∶1	自然养护	12.07	2.59	1.01	2.56
5	1.5∶1	33%	10∶1	烘干	12.1	1.93	1	1.93
6	2.0∶1	33%	11∶1	烘干	11.89	1.42	0.99	1.43
7	1.0∶1	38%	11∶1	烘干	11	1.24	0.92	1.35
8	1.5∶1	38%	12∶1	烘干	10.66	0.74	0.89	0.83
9	2.0∶1	38%	10∶1	自然养护	11	0.28	0.92	0.30
$\sigma_{c测}$ Ⅰ	3.42	3.87	2.88	2.86				
Ⅱ	1.83	1.98	1.90	1.84				
Ⅲ	1.35	0.75	1.82	1.89				
R	2.07	3.12	1.06	1.02				

其中 $\sigma_{c测}$ 表示试验室实测数值，$\sigma_{c拟}$ 表示通过相似指标关系式推算出的数值，表 2.6 和表 2.7 中符号意义与此处同。

（3）二次试验方案与最优材料配比。分析初次试验数据，在抗压强度指标符合要求较好的范围增加 5 组配比，得到二次试验方案及相应试验结果，如表 2.6 所示。此次试验忽略对相似指标影响最小的养护条件，全部采用烘干养护。

表 2.6 相似材料力学指标

试验序号	砂膏比	用水量/%	膏土比	γ/(kN/m³)	$\sigma_{c测}$/MPa	$\sigma_{c拟}$/MPa
1	2.3∶1	33	12∶1	11.88	0.77	0.99
2	2.5∶1	33	12∶1	11.86	0.69	0.98
3	1.0∶1	35	10∶1	11.64	1.34	0.97
4	1.5∶1	35	11∶1	11.60	1.02	0.97
5	2.0∶1	35	12∶1	11.52	0.88	0.96

试验序号	$\dfrac{\sigma_{c测}}{\sigma_{c拟}}$	$\dfrac{\sigma_{t测}}{\sigma_{t拟}}$	$\dfrac{\sigma_{c测}}{\sigma_{t测}}$	$E_{测}$/GPa	$\dfrac{E_{测}}{E_{拟}}$	$\mu_{测}$
1	0.78	1.52	4.8	1.07	1.08	0.15
2	0.70	1.43	4.9	1.03	1.05	0.15
3	1.38	3.20	4.3	2.19	2.26	2.00
4	1.06	2.16	4.9	1.19	1.22	0.18
5	0.92	1.88	4.9	1.12	1.17	0.18

注：养护条件为在烘箱温度 35℃下连续烘 72h，砂的级配见表 2.4 说明。

2.6 试验小结

2.6.1 相似材料配比的最终确定

从表 2.6 中数据可以看到，抗压强度相似指标为 1.06 和 0.92 的两组配比最大程度接近相似模拟要求，这两组配比的弹性模量、泊松比相似指标也符合相似要求，但由于模拟材料本身的性质，抗拉强度相似指标不太尽如人意。但针对本书试验要求，抗压强度、弹性模量为主要考虑因素，而且相似只能最大程度接近相似指标。所以表 2.6 中试验序号 4、5 的配比最接近符合要求的相似配比，但这两组配比的拉压比不尽人意。实践中，要选择一种完全相似的材料是不现实的，通常只是满足试验一些最基本的要求。出于试验中模型安全性的保守考虑的原因，序号 4 的配比为最终相似材料配比方案，各力学参数的相似比例关系如表 2.7 所示。

表 2.7 试验最终配比及相似比例关系

砂膏比	用水量/%	膏土比	$\dfrac{\sigma_{c测}}{\sigma_{c拟}}$	$\dfrac{\sigma_{t测}}{\sigma_{t拟}}$	$\dfrac{\sigma_{c测}}{\sigma_{t测}}$	$\dfrac{E_{测}}{E_{拟}}$	$\dfrac{\mu_{测}}{\mu_{拟}}$
1.5∶1	35	11∶1	1.06	2.16	4.9	1.22	1.0

2.6.2 力学性能影响因素分析

（1）表 2.5 极差栏的数值表明，用水量对抗压强度的影响程度最大，砂膏比次之，养护条件影响程度最小。

（2）结合表 2.5 和表 2.6 力学指标分析，随着用水量增大，相似材料的抗压强度、抗拉强度、弹性模量呈现递减趋势。在用水量不变的情况下，砂膏比增大，三种力学指标值均减小；石膏含量增加，能提高材料力学指标。

（3）整理表中数据，取砂膏比、用水量与抗压强度的关系为代表，汇总结果如图 2.5 所示。砂膏比相同情况下，随着用水量的增加，抗压强度呈现递减趋势；若用水量相同，则随着砂膏比的增加，黏结力减小导致抗压强度减小。用水量相同，小范围石膏用量增加，抗压强度增加；石膏用量相同时，用水量越小，抗压强度越大。

（4）整理表中数据，计算石膏用量百分比，建立其与用水量和抗压强度关系，汇总结果如图 2.6 所示。石膏用量相同情况下，用水量的增加导致抗压强度数值的减小；若用水量相同的条件下，石膏用量百分比的增加，抗压强度也随之增加。

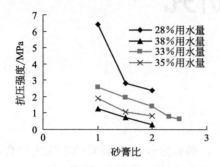

图 2.5　抗压强度-砂膏比-用水量关系曲线

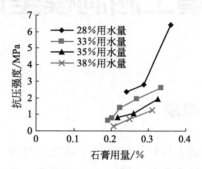

图 2.6　抗压强度-石膏用量-用水量关系曲线

2.7　小结

本章介绍模型试验的理论依据及分析方法，并基于此推导出试验相似指标，作为试验相似与否的判据。参考实际涵洞工程材料力学参数，通过对比试验，最终选择河砂为骨料，石膏、硅藻土混合物为胶结物作为相似材料，正交试验和二次试验相结合的方法，确定相似材料的配比，同时得出用水量、砂膏比、石膏用量对相似材料力学性质的影响规律。基于本章确定的材料及其配比制作涵洞模型，为第 3 章完成的模型试验做好准备工作。

第**3**章
高填土涵洞模型试验研究

3.1　概述

高填土涵洞的涵顶填土高度大且为人工回填土，正确确定作用于涵洞的土压力是合理设计涵洞结构物的关键，也是涵洞安全性的保证。基于第 2 章确定的材料及其配比，按几何相似比制成拱涵和盖板涵的小比例相似材料模型，可以较真实地反映涵洞结构受力。

将涵洞模型放置于模型试验箱内，对试验箱内涵洞模型逐层填土达一定高度后，采用千斤顶逐级加载模拟实际施工过程，通过应变片、土压力计和沉降标志采集试验数据，探讨涵洞结构应力分布、涵洞周围土层的应力和位移分布[75]。

3.2　相似材料涵洞模型制作

3.2.1　现场涵洞资料

模拟监测的涵洞为拱涵和盖板涵，共两种结构形式，均采用分离式基础。拱涵全长 84.7m，涵洞拱厚 0.55m，内部净高 4.70m，宽 4m，侧墙平均厚 3.7m，基础高 1m，涵洞顶部填土高度为 12.08m。盖板涵全长 97.03m，涵洞盖板厚 0.45m，内部净高 2.3m，宽 2m，侧墙厚 0.7m，基础高 0.6m，涵洞顶部填土高度为 12.14m。

3.2.2　涵洞模型资料

涵洞模型按照几何相似比 1：20 确定，拱涵和盖板涵两种结构形式具体尺寸如表 3.1 所示。

表 3.1　涵洞模型尺寸表

尺寸\形式	净空高度 /cm	净空宽度 /cm	拱/盖板厚度 /cm	侧墙厚度 /cm	基础、底板厚度 /cm	长度 /cm
拱涵 1	17.20	19.68	2.81	4.81	5.49	49.0
拱涵 2	24.65	19.68	2.81	4.81	5.49	49.0
盖板涵	14.77	20.25	2.53	4.78	5.46	48.7

3.2.3　涵洞模型的制作

参考资料表明，目前国内的高填土涵洞模型试验对涵洞结构一般采用有机玻璃或方形木块，本模型试验本着几何相似、材料相似的原则制作涵洞相似材料缩尺模型。在模型结构上放置传感器，研究涵洞结构随填土高度的增加应力场的变化，探求引起涵洞结构破坏的内因。采用满足力学指标相似要求的材料制作的模型更能反映涵洞结构的受力，为了简化模型，突出研究重点，将涵洞底板、侧墙与基础做成一体，材料配比采用第 2 章得到的最优配比，具体的制作步骤如下。

（1）预制底槽。考虑试验室条件及涵洞本身模型尺寸的限制，将侧墙、底板与基础做成整体。为此，自行设计易拆模的木质模板，保证侧墙、底板与基础浇筑一体，同时拆模简单。用符合配比要求的相似材料在模板内浇筑，边浇筑边振捣，有利于石膏放热反应产生的气泡溢出。一天后拆模，放入烘箱内烘干养护达到设计强度。

（2）预制涵洞拱、盖板。涵洞拱为半圆形拱，试验采用先预制半圆形拱然后安装的方法。根据拱的参数先预制一个半圆形钢拱模板，以保证涵洞拱形状和质量。盖板的制作则是在木质模板内浇注相似材料制成。涵洞拱、盖板的养护条件与底槽相同。

（3）涵洞模型的安装。待涵洞拱和侧墙、底板、基础烘干养护达到预期强度后，在侧墙上依据涵洞拱的厚度做出凹槽，槽内浇注少量相同模型材料后再将拱固定安装在侧墙，使拱与侧墙墙体形成一个整体。盖板涵的安装与拱涵相同。

3.2.4　涵洞模型测点布置

将实际涵洞受力简化为平面问题，基于边界效应的考虑，在制成的涵洞模型上舍去两端约 10cm 位置，在剩余的中间部分粘贴应变片，具体如图 3.1 所示，以测试填土高度增加过程中涵洞自身结构的应力变化。涵洞拱的拱顶、拱腰（距拱顶 1/4 拱圈弧长）及拱底处对称内外粘贴；侧墙沿高度上下对称内外粘贴应变片；由于拱顶和基础底板的受力情况复杂，采用 45° 应变花，确定主应变和主应力数值。拱涵及盖板涵断面测点的具体布置如图 3.2 所示。

图 3.1　涵洞模型应变片布置效果图

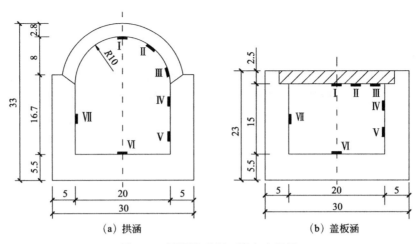

(a) 拱涵   (b) 盖板涵

图 3.2   涵洞模型断面测点布置图

3.3   模型试验的步骤

3.3.1   模型试验

3.3.1.1   填土模拟材料

试验采用三种填土材料，第一种为干砂，第二种为含水量 2.6% 的河砂，第三种为含水量 20.4% 的亚黏土。重度相似比近似为 1，几何相似比为 1∶20，则由相似指标得到土压力相似比等于几何相似比。试验依据《土工试验方法标准》（GB/T 50123—2019）[76] 和《混凝土物理力学性能试验方法标准》（GB/T 50081—2019）[74] 测出填土材料参数。

（1）填土材料三轴试验。本试验采用南京某仪器厂生产的 TSZ-6 型台式常规中压三轴仪完成填土材料土工参数的测量。考虑模型试验操作的速度，采用非饱和土样不固结不排水剪切（UU）试验[76]。本书模拟填土高度近 40m，采用了 100kPa、200kPa、300kPa 和 400kPa 的围压。试验中严格执行规范操作，包括试样制备、试样剪切、试验结果处理等。完成试验后，求得填土模拟材料强度指标，如表 3.2 所示。

表 3.2   三轴不固结不排水剪切试验强度指标

填土材料	内摩擦角/(°)	黏聚力/kPa
干砂	39	0
2.6%含水量湿砂	37	5
亚黏土	25	29

（2）亚黏土材料最优含水量试验。分层填筑填土时，需要根据压实度来控制，压实度需要确定黏土材料的最优含水量。试验前筛除大于 0.5mm 颗粒，采用液塑限联合测定法，得出试验亚黏土的液限 $\omega_L = 26.5\%$，塑限 $\omega_p = 17.6\%$。可知，塑性指数 $I_p = (\omega_L - \omega_p) \times 100 = 8.9$。使土达到最大密度的含水率，即称最优含水率 ω_{op}。采用轻型击实试验，绘出干密度 ρ_d 与含水量 ω 的关系曲线，如图 3.3 所示。

试验绘制出的 $\rho_d - \omega$ 曲线，曲线的峰值即为最大干密度（$\rho_{d\max}$），约 2.15g/cm³；其对应的含水量则为最优含水量（ω_{op}），约为 12%，其作为试验室的每层填土压实与否的标准。

依据文献 ［5］ 的相关要求，填土应分层压实，满足压实度，公式如下。

$$\rho_{ds} = \rho_x \rho_{d\max}$$

(3.1)

式中，ρ_x 为压实度，一般取为 0.90～0.94；$\rho_{d\max}$ 为标准击实仪击实试验最大干密度，g/cm^3；ρ_{ds} 为填筑土体干密度，g/cm^3。

3.3.1.2　边界条件处理

模型试验模拟的地形边界条件为平坦地形，属于上埋式涵洞形式。由木板制作刚性试验箱，试验箱的四周和底部边界满足刚性约束条件。试验箱底部为钢筋混凝土底板，以保证底部刚性。模型箱四周由反力架、门架和工字钢提供约束，以保证其刚度。

3.3.1.3　地基处理

采用两种地基处理方式，处理方式 1 （刚性地

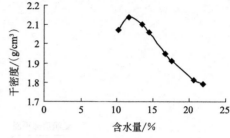

图 3.3　黏性土干密度—含水量 $(\rho_d - \omega)$ 的关系曲线

基）为涵洞模型直接放置在刚性模型箱底板上，模拟实际的刚性地基处理方式；处理方式 2 （柔性地基）为涵洞模型安放在距刚性模型箱底板 40～50cm 处，允许地基有少许沉降变形，模拟实际的经人工处理后的地基形式。

3.3.1.4　加载方式

在涵洞顶部到试验箱顶高度范围内，荷载为填土材料自重；填土达到箱顶后，增加的填土高度自重用千斤顶加载系统代替，用压力传感器控制加载试验荷载数值。加载系统由钢垫板、简支梁、千斤顶、20t 压力传感器和反力梁组成。钢板尺寸为 1000mm×450mm×20mm，钢板平放在箱顶土体上，试验加载过程中，忽略钢板受弯变形造成的影响。通过加载系统逐级加载，每级加载数值换算成近似模拟 20cm 高度填土，直到达到预定模拟填土高度。

3.3.2　模型试验测试内容

为了得出随填土高度增加，高填土涵洞结构应力、周围填土土压力及沉降变形的变化，试验测试内容包括以下几个方面。

(1) 涵洞顶部和侧面填土不同标高处的垂直土压力测试。根据图 3.4 显示的不同标高处土压力计的埋设位置，当填土达到预定标高或预定荷载加载完成后，测定各个土压力计数值，得出涵洞周围土体的应力分布。

(2) 涵洞地基不同标高处的垂直土压力测试。涵洞柔性地基土层中埋设土压力计，测定涵洞地基在上部填土荷载作用下的土压力分布。

(3) 涵洞结构应力测试。根据如图 3.2 所示的涵洞结构的应力测点布置，测试随填土高度增加过程中涵洞自身结构的应力分布变化。

(4) 填土不同标高处沉降量测试。每次填土或施加荷载后，测量各标记点的竖向位移值，得出填土沉降位移变化趋势及填土压力与土层位移变化的关系。

3.3.3　土压力计、沉降标志布设位置

考虑地基条件、填土材料和涵洞结构形式的不同，土压力计、沉降标志沿填土高度分层埋设，测试随填土高度增长涵洞周围土压力、沉降位移的分布，为正确分析作用于高填土涵洞的垂直土压力提供依据。具体的布设位置如图 3.4 所示。其中涵洞顶部平面确定为典型水

平面（因每个模型试验的不同，该平面距涵洞顶部的距离为 3～6cm 不等），土压力计在该平面对称布设，9 个土压力计距涵洞中心的距离分别为 0，10cm，25cm，50cm，100cm。

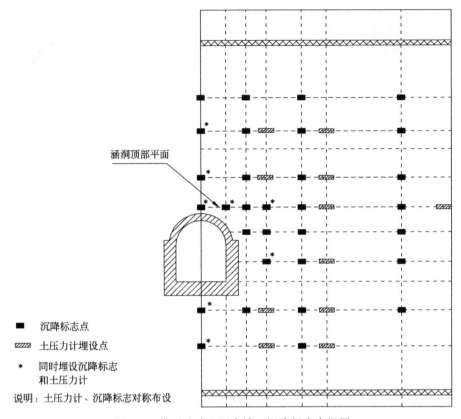

图 3.4　模型试验土压力计、沉降标志布置图

3.3.4　模型试验具体操作过程

（1）涵洞模型的制作。依据现场涵洞的资料，以砂为骨料，石膏、硅藻土混合物为胶结材料，正交试验和二次试验相结合，得出符合力学相似指标要求的材料配比。在涵洞拱、盖板模板和底槽模板中分别浇筑试验相似材料，养护规定时间后，拆模、安装成涵洞模型。

（2）试验箱的制作。箱体内部尺寸为 2100mm×1600mm×500mm，基于经济、简易、方便原则考虑，材料为木质箱体，木板选用 18mm 厚的多层胶合板，仅前板装设有厚度为 20mm 的有机玻璃板，以进行土内沉降监测。板外由 6cm×9cm 断面的优质木楞提供线位移约束，木楞由外部钢架固定。外部钢架由门架、反力架组成，提供约束保证整个模型箱无侧向位移，满足整体刚度要求。

（3）填土的加载。由确定出的满足压实度标准的填筑土体干密度，可以算出实际试验填土的最优质量，分层填土压实可采用体积法。计算分层用土重力，均匀摊铺，夯实达到设计高度。

（4）土压力的测试。填土中土压力计的埋设应使其就位稳定，不会发生倾斜、偏移。土压力测量时，将填土压实到预计标高，用水准尺检测填土面水平，在规定位置处埋设土压力计。土压力计应水平放置、工作面朝上，压力计直径 D 要大于土体最大颗粒直径 50 倍以上[77]，所以在其上下表面放置厚 0.5cm 的细砂（粒径不大于 0.5mm），在压力计附近预留足够长的引线。土压力计埋设好后，可以进行连续观测，填土达到预计高度即可进行一次读数记录。应变变化由 CM-2B 型应变仪接收，同时存储到计算机内。整理结果，算出各自的土压力值。

（5）涵洞结构应力测试。在涵洞典型断面粘贴应变片，将应变片接线统一连接到试验室的 CM-2B 型 80 通道的静态应变仪。对涵洞结构，包括拱顶、拱腰、拱底、侧墙和底板部位的应变随填土高度增大进行连续记录，整理出涵洞结构应力分布规律。

（6）填土沉降位移测试。变形测量采用摄像机头连接计算机一起读数测量的方式。在达到密实度要求的填土中，在规定位置埋设沉降标志。埋设后测量其初始值（即标志与有机玻璃板上网格的距离），每次填土或施加荷载后测量其终值（再次量测标志与网格的距离），两者沉降位移差值即为增加的土压力值引起的土体竖向沉降值，从而得到实际填土沉降位移变化趋势。具体的试验步骤如图 3.5 所示，具体试验装置如图 3.6 所示。

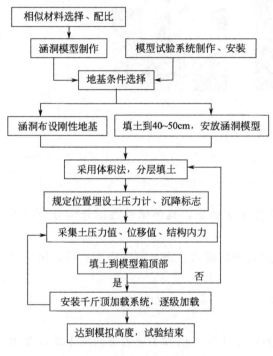

图 3.5　模型试验程序框图

图 3.6　相似材料模型试验系统

3.4　模型试验数据采集与处理

3.4.1　数据采集系统

（1）CM-2B 型静态应变仪。试验采用电测法，将应变片、土压力计测量的应变这一非电量，转为电量输出。试验采用半桥接法和补偿块补偿法消除温度影响。涵洞典型断面上的 28 个应变片接线通道，24 个土压力计导线统一连接到 CM-2B 型 80 通道静态应变仪，该仪器 80 通道快速测量，全部测点测试不超过 3s，漂移小，记录数据可靠便捷。

（2）DYB-2 型电阻应变式全桥土压力计。土压力计采用丹东某试仪器厂生产的 DYB-2 型电阻应变式全桥土压力计测量，土压力计量程为 0.1MPa，尺寸 ϕ30mm×13mm。出厂的土压力计采用气标法进行标定，试验前结合试验具体情况，采用砂标的方法又进行一次标定，发现误差在允许范围内。

（3）电子式计数显微镜。试验箱的前端设置有机玻璃板，以观测填土分层沉降量。在有机玻璃内侧划设网格，在网格交叉点埋设沉降标志，如图 3.7（b）所示，待上敷的每层填土压实稳定后进行沉降测量。利用计算机摄像机头组合成为电子式计数显微镜，如图 3.7（a）所示，在电脑屏幕上直接计数，如图 3.7（c）所示，提高测量的准确性。填土变形的量测装置及其标志见图 3.7。

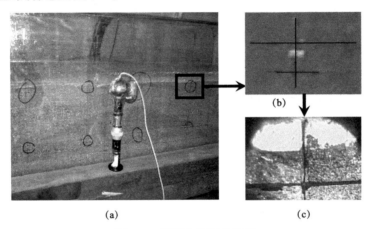

图 3.7 沉降位移测量装置

3.4.2 试验数据处理

3.4.2.1 涵洞试验数据处理

本实验采用 CM-2B 型静态应变仪及其配套软件采集数据，具体试验数据分析分为以下两种情况。

（1）应变片的单向应力状态。应变片处的测点为单向应力状态，测得应变 ε 后，由单向应力状态的虎克定律即可求得主应力：

$$\sigma = E\varepsilon \tag{3.2}$$

式中，E 为被测构件材料的弹性模量。

（2）应变花的二向应力状态。应变花处的测点两个主应力值和主应力方向均未知，要确定 σ_1 和 σ_2 需先求两个主应变 ε_1 和 ε_2。为此，可以在该点沿与某一坐标轴 x 夹角分别为 α_1、α_2 和 α_3 的三个方向上，各粘贴一个工作片，分别测出这三个方向上的应变 ε_{α_1}、ε_{α_2}、ε_{α_3}，再通过计算，即可确定该点的主应力和主方向角。

由二向应力状态的应变分析可知，如果已知构件在 O 点处沿坐标轴方向的线应变 ε_x、ε_y 和剪应变 γ_{xy}，则该点处沿任意方向的线应变 ε_a 可按下式计算

$$\varepsilon_a = \varepsilon_x \cos^2\alpha + \varepsilon_y \sin^2\alpha + \gamma_{xy}\sin\alpha\cos\alpha \tag{3.3}$$

式中，ε_x、ε_y 和 ε_a 以伸长时为正；γ_{xy} 以直角增大时为正。

试验采用 45°应变花，测出的应变相应为 ε_0、ε_{45}、ε_{60}，将它们带入式（3.2），可解得：

$$\varepsilon_x = \varepsilon_0, \quad \varepsilon_y = \varepsilon_{90}, \quad \gamma_{xy} = 2\varepsilon_{45} - (\varepsilon_0 + \varepsilon_{90}) \tag{3.4}$$

$$\tan2\alpha_0 = \frac{\gamma_{xy}}{\varepsilon_x - \varepsilon_y} \tag{3.5}$$

则测点处的主应变 ε_1 和 ε_2 以及主方向与 x 轴的夹角则可由下式计算：

主应变值为

$$\varepsilon_{1,2} = \frac{\varepsilon_x + \varepsilon_y}{2} \pm \frac{1}{2}\sqrt{(\varepsilon_x - \varepsilon_y)^2 + \gamma_{xy}^2} \tag{3.6}$$

主应变与 x 轴的夹角

$$\alpha_0 = \frac{1}{2}\arctan\frac{\gamma_{xy}}{\varepsilon_x - \varepsilon_y} \tag{3.7}$$

由二向应力状态的广义胡克定律即可求得主应力 σ_1 和 σ_2：

$$\sigma_1 = \frac{E}{1 - \mu^2}(\varepsilon_1 + \mu\varepsilon_2) \tag{3.8}$$

$$\sigma_2 = \frac{E}{1 - \mu^2}(\varepsilon_2 + \mu\varepsilon_1) \tag{3.9}$$

式中，μ 为被测构件材料的泊松比。

3.4.2.2　土压力试验数据处理

土压力计的工作方程为

$$P_n = a[L + k(T_0 - T_i) - b] \tag{3.10}$$

式中，P_n 为第 n 次测量的土压力值；L 为试验实测的微应变值；a，b 为系数，出厂给出；k 为温度补偿系数，出厂给出；T_0、T_i 分别为埋设温度和测量时温度。

3.5　模型试验工况

考虑三种填土材料、两种地基处理方式及拱涵和盖板涵两种涵洞结构形式，完成 7 次试验。

3.5.1　填土材料参数

填土材料的参数由静三轴试验测得。试验所用设备系南京某仪器厂生产的 TSZ-6 型应变控制式三轴剪切仪，其主要由试验机、测量系统、压力室、制备试样工具等四部分组成。该系统能进行轴向应力、应变、周围压力、孔隙压力、试样体积变化等五大参数的测试，其采用油压方式进行轴向加载，用水压施加围压，完成数据采集和处理，得出内摩擦角、黏聚力参数数值。其他参数取值参照相关规范取值。

试验最终确定的三种填土材料为干砂土、2.6% 含水率的湿砂土和 20.4% 含水率的亚黏土，具体的试验参数如表 3.3 所示。

表 3.3　填料的试验参数

填土材料	含水率/%	γ/(kN/m³)	E/Pa	μ	C/Pa	φ/(°)
干砂土	0	17.7	1.2×10^7	0.33	0	39
湿砂土	2.6	17.3	1.2×10^7	0.33	5000	37
亚黏土	20.4	17	2×10^7	0.3	29000	25

3.5.2 地基处理方式和涵洞结构形式

地基处理方式分为两种情况，方式 1 为模拟涵洞底部刚性地基（刚性地基），方式 2 为模拟涵洞底部允许少量变形的处理后地基条件（柔性地基）。涵洞模型采用拱涵和盖板涵两种结构形式。

3.5.3 试验工况

综合 3.5.1 节、3.5.2 节所述，具体方案如表 3.4 所示。

表 3.4　试验方案一览表

试验工况	填土材料类别	涵洞形式	地基处理方式	备注
M1	干砂土	拱涵	方式 2（柔性地基）	拱涵模型 1
M2	湿砂土	拱涵	方式 2	拱涵模型 1
M3	湿砂土	拱涵	方式 2	拱涵模型 2
M4	亚黏土	拱涵	方式 2	拱涵模型 2
M5	亚黏土	拱涵	方式 1（刚性地基）	拱涵模型 2
M6	湿砂土	拱涵	方式 1	拱涵模型 2
M7	亚黏土	盖板涵	方式 2	盖板涵模型

注：拱涵模型 1，2 的区别只在于涵洞侧墙高度不同。

3.6　涵洞垂直土压力分析

对于表 3.4 的试验方案，工况 M2、M3 中只是采用不同的拱涵模型，即只是涵洞尺寸的不同，材料、制作方法、力学参数均相同，故在土压力分析中去除 M2 工况情况，仅对其余 6 组进行分析。

3.6.1 试验结果整理

取涵洞顶部典型水平面内埋设的 9 个土压力计为分析对象，土压力计安放在平面中心线上对称布设，9 个土压力计距涵洞中心的距离分别为 0，10cm，25cm，50cm，100cm，具体位置如图 3.8 所示。其测得数值在图 3.9～图 3.24 中依次用 "−0cm" "−10cm" "−25cm" "−50cm" "−100cm" 表示，其上部对应高度填土的自重在图中用 "−γh" 表示。本书中填土层标高是相对试验箱底部标高±0.000m 而言的，填土高度则定义为相对于涵洞顶部平面以上的填土体高度。

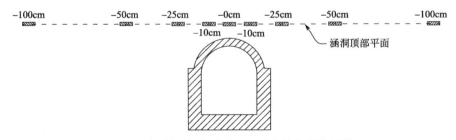

图 3.8　涵洞顶部典型平面上压力计布设位置图

（1）M1 工况结果（干砂、拱涵、柔性地基）。试验在填土标高 80.5cm 处平面对称布设的 9 个土压力计的测试结果如表 3.5 和图 3.9 所示。垂直土压力与其上部对应高度填土自重的比值为土压力系数，具体如图 3.10 所示。

表 3.5　M1 工况中距涵洞中心不同距离的垂直土压力值

填土高度 /cm	土压力计数值/kPa					土柱法/kPa
	−0cm	−10cm	−25cm	−50cm	−100cm	
12	3.56	2.33	3.54	3.07	2.93	2.12
30	6.13	5.84	7.86	7.10	6.03	5.43
45	7.21	7.91	10.05	8.61	6.99	7.82
55	7.96	8.91	12.47	9.98	9.70	10.04
65	9.21	10.23	14.20	11.31	10.84	11.91
75	10.21	11.17	14.98	12.08	11.47	13.29
90	13.03	14.63	17.03	15.45	14.06	15.84
100	14.36	15.94	19.57	15.94	15.90	17.61
110	14.94	16.58	20.80	16.77	17.70	19.38
120	15.94	17.58	21.75	17.81	20.00	21.15
130	17.27	19.10	23.32	19.13	21.43	22.92
140	18.60	20.52	24.89	20.74	22.65	24.69
150	20.09	22.15	26.47	22.05	24.03	26.46
160	21.84	24.25	28.35	23.98	26.21	28.23
170	23.75	26.41	30.24	25.42	28.35	30.00
180	25.08	27.82	31.97	26.86	29.87	31.77
190	26.99	30.03	33.70	28.58	31.95	33.54
200	28.40	31.66	35.12	29.90	33.54	35.31
210	29.98	33.18	36.85	31.12	34.98	37.08

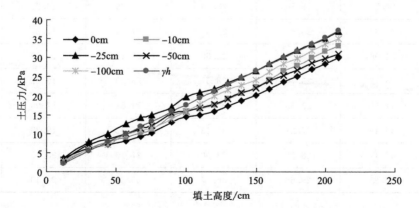

图 3.9　M1 试验垂直土压力与填土高度关系曲线

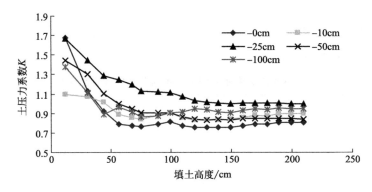

图 3.10 M1 土压力系数与填土高度关系曲线

（2）M3 工况结果（湿砂、拱涵、柔性地基）。试验在填土标高 80.5cm 处平面垂直土压力结果如表 3.6 和图 3.11 所示，土压力系数如图 3.12 所示。

表 3.6 M3 工况中距涵洞中心不同距离的垂直土压力值

填土高度 /cm	土压力计数值/kPa					土柱法/kPa
	−0cm	−10cm	−25cm	−50cm	−100cm	
12	3.03	2.58	2.23	1.87	2.76	2.08
25	6.18	4.65	4.58	4.51	5.65	4.07
45	8.53	7.04	7.37	7.71	7.25	7.58
55	9.01	7.78	8.52	9.26	7.67	9.43
65	10.89	8.91	9.76	10.62	8.10	11.64
75	12.31	9.76	10.70	11.64	8.96	12.94
95	17.03	12.94	15.71	14.39	10.09	16.40
105	18.92	13.73	16.68	15.27	10.68	18.13
115	21.75	15.24	18.33	16.65	11.37	19.86
125	24.89	16.84	21.13	18.17	12.18	21.59
135	28.51	18.70	23.08	19.69	13.25	23.32
145	31.82	20.48	25.00	21.26	14.37	25.05
155	34.96	22.05	26.50	22.16	15.59	26.78
165	38.42	23.70	28.51	23.28	16.82	28.51
175	41.57	25.55	30.78	24.51	17.99	30.24
185	45.19	27.27	32.13	25.82	19.38	31.97
195	48.17	28.33	33.90	27.15	20.45	33.70
205	50.85	29.66	36.37	28.38	21.40	35.43

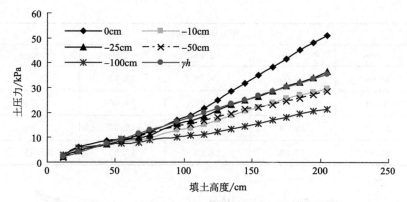

图 3.11　M3 垂直土压力与填土高度关系曲线

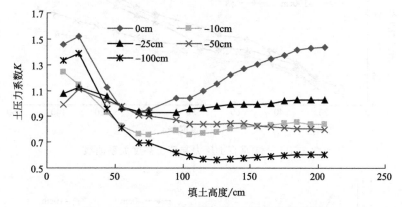

图 3.12　M3 土压力系数与填土高度关系曲线

（3）M4 工况结果（黏土、拱涵、柔性地基）。试验在填土标高 80.5cm 处平面垂直土压力结果如表 3.7 和图 3.13 所示，土压力系数如图 3.14 所示。

表 3.7　M4 工况中距涵洞中心不同距离的垂直土压力值

填土高度 /cm	土压力计数值/kPa					土柱法/kPa
	−0cm	−10cm	−25cm	−50cm	−100cm	
12	2.56	1.98	2.89	1.82	2.33	1.80
25	4.59	4.13	4.47	2.98	3.93	3.53
35	7.05	5.81	6.55	5.37	5.52	4.80
45	9.09	7.22	8.04	7.03	6.49	6.63
55	10.80	8.57	9.13	8.16	7.25	8.18
65	11.65	8.83	9.46	8.63	7.40	10.10
75	12.94	9.85	10.12	9.49	8.41	11.37
95	14.97	11.11	13.63	10.54	9.00	14.37
105	16.15	11.67	14.82	11.19	9.43	15.72
115	17.86	12.82	16.41	12.19	10.22	17.07

填土高度	土压力计数值/kPa					土柱法/kPa
/cm	−0cm	−10cm	−25cm	−50cm	−100cm	
125	19.06	14.03	18.59	13.13	10.81	18.42
130	20.61	15.36	20.40	14.06	11.24	19.77
140	21.88	16.69	21.71	15.25	11.89	21.12
150	23.10	17.94	22.95	15.85	12.15	22.47

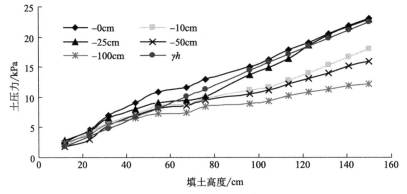

图 3.13　M4 垂直土压力与填土高度关系曲线

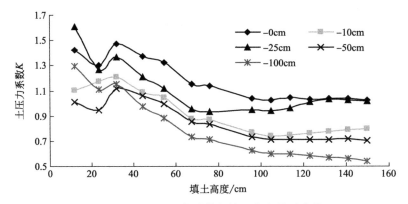

图 3.14　M4 土压力系数与填土高度关系曲线

（4）M5 工况结果（黏土、拱涵、刚性地基）。试验在填土标高 46.5cm 处平面垂直土压力结果如表 3.8 和图 3.15 所示，土压力系数如图 3.16 所示。

表 3.8　M5 工况中距涵洞中心不同距离的垂直土压力值

填土高度	土压力计数值/kPa					土柱法/kPa
/cm	−0cm	−10cm	−25cm	−50cm	−100cm	
15	1.79	2.88	2.93	2.07	2.72	2.25
25	4.02	5.07	5.34	4.27	5.45	3.60
35	6.04	6.97	6.65	5.45	6.70	5.10
45	8.06	9.02	8.29	6.92	8.37	6.90

续表

填土高度 /cm	土压力计数值/kPa					土柱法/kPa
	−0cm	−10cm	−25cm	−50cm	−100cm	
60	10.08	11.20	9.28	8.10	9.84	8.63
80	13.11	13.31	11.33	9.57	11.26	11.67
90	14.32	14.28	12.68	10.01	11.37	13.28
100	16.34	15.74	14.80	11.04	11.99	15.20
120	18.56	17.98	17.00	12.36	13.45	17.99
130	19.47	18.78	18.65	12.95	13.66	19.34
140	20.58	19.80	20.31	13.83	14.18	20.69
155	22.70	21.95	24.00	15.01	15.64	23.39
165	24.22	23.01	26.70	15.74	16.05	24.74
175	25.03	23.86	28.30	16.18	16.47	26.09
185	26.24	24.88	29.70	16.77	17.10	27.44
200	28.66	26.51	32.20	17.51	17.93	30.14
210	30.18	27.66	33.90	18.10	18.45	31.49

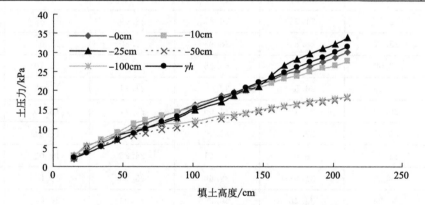

图 3.15　M5 垂直土压力与填土高度关系曲线

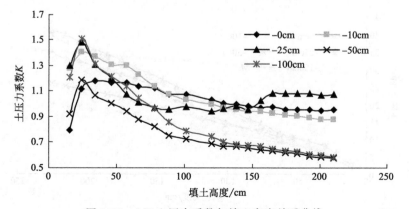

图 3.16　M5 土压力系数与填土高度关系曲线

（5）M6 工况结果（湿砂、拱涵、刚性地基）。试验在填土标高 50.5cm 处平面垂直土压力结果如表 3.9 和图 3.17 所示，土压力系数如图 3.18 所示。

表 3.9　M6 工况中距涵洞中心不同距离的垂直土压力值

填土高度 /cm	土压力计数值/kPa					土柱法/kPa
	−0cm	−10cm	−25cm	−50cm	−100cm	
11	1.88	1.69	2.81	2.61	2.07	1.90
20	3.97	5.44	5.91	5.53	4.65	3.81
30	5.76	7.01	7.91	8.02	6.37	5.19
40	7.15	8.01	9.21	9.20	7.60	7.27
55	8.34	8.98	10.40	10.10	8.46	9.26
65	9.43	9.90	11.60	10.74	8.95	10.92
75	11.51	11.55	14.20	12.02	10.06	13.15
85	12.70	12.46	15.40	12.71	10.43	14.62
100	14.69	14.11	18.60	13.83	11.41	17.44
115	17.37	16.68	20.86	15.70	12.64	20.02
125	19.35	18.20	23.57	16.67	13.75	21.75
135	20.74	19.55	24.82	17.47	14.36	23.48
145	22.73	21.38	26.87	18.69	14.85	25.21
155	25.51	23.84	28.93	19.80	15.96	27.11
165	27.00	25.22	30.25	20.70	16.70	28.67
175	28.09	26.54	32.58	21.71	17.43	30.40
185	29.58	28.18	34.05	22.77	18.05	32.13
195	30.57	29.40	35.60	23.56	18.54	33.86
205	31.96	30.64	37.61	24.25	19.03	35.59
215	32.85	31.88	39.60	25.05	19.65	37.32
225	34.24	33.48	40.80	25.94	20.02	39.05

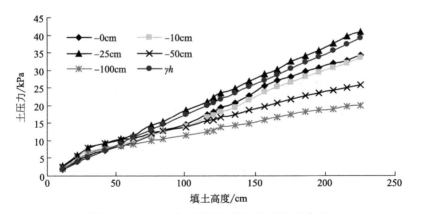

图 3.17　M6 垂直土压力与填土高度关系曲线

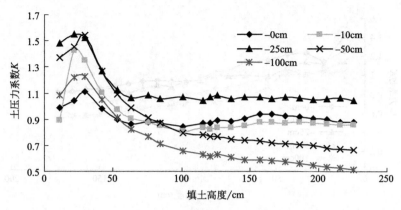

图 3.18 M6 土压力系数与填土高度关系曲线

（6）M7 工况结果（黏土、平板涵、柔性地基）。试验在填土标高 80.5cm 处平面垂直土压力结果如表 3.10 和图 3.19 所示，土压力系数如图 3.20 所示。

表 3.10 **M7 工况中距涵洞中心不同距离的垂直土压力值**

填土高度 /cm	土压力计数值/kPa					土柱法/kPa
	−0cm	−10cm	−25cm	−50cm	−100cm	
12	2.56	1.98	2.89	2.12	2.33	2.04
25	4.59	4.13	4.47	4.08	4.23	4.00
35	7.05	5.81	6.55	5.77	5.72	5.70
45	9.09	8.22	8.04	7.53	7.89	7.45
55	10.80	9.57	9.13	9.00	8.20	9.27
70	13.15	11.83	11.46	10.50	8.80	11.44
85	15.12	13.97	14.50	12.50	10.50	14.50
95	15.17	14.87	15.01	12.90	11.50	15.86
110	17.50	16.89	16.36	13.88	12.50	18.58
125	20.06	18.03	18.29	15.70	13.81	21.30
140	21.38	19.69	20.71	17.40	14.60	24.02
155	22.80	20.90	22.64	18.70	15.50	26.74
175	23.80	22.30	24.46	20.30	16.00	29.46

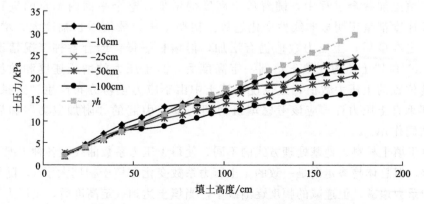

图 3.19 M7 垂直土压力与填土高度关系曲线

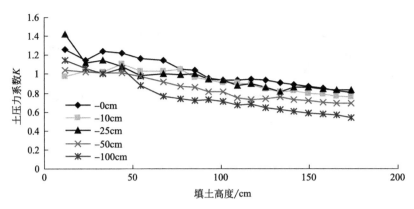

图 3.20 M7 土压力系数与填土高度关系曲线

3.6.2 不同试验工况下垂直土压力分布

综合图 3.9～图 3.20，表 3.5～表 3.10 结果，可以得出。

（1）在填土初期，涵洞顶部（典型平面－0cm 处）土压力大于其上部填土自重，土压力系数大于 1。由于涵洞结构的刚度大于填土刚度，刚度不同导致沉降差异，应力重新分布，在涵洞顶部产生了附加应力。随着填土高度增加，涵侧填土被压密，由于刚度引起的沉降差逐渐缩小，土压力数值也趋近其上部填土自重，土压力系数接近 1。在填土后期，填土高度达到一定高度时，土压力数值小于其上部填土的土柱自重，土压力系数小于 1。造成这一现象的主要原因是随着填土高度增加，分层填筑的填土逐渐被压实，压紧的土颗粒之间"锁紧"作用充分发挥出来，在填土土层中产生一模糊界面，该模糊界面对两侧土体产生水平推力，该模糊界面不同于实际的卸荷拱，不能完全承担上部土体的自重，上部土体自重的一部分仍会传到涵洞上，故其具有不稳定性，只产生类似拱作用的效应，称为"土拱效应"，土中应力重新分布，导致涵洞顶部土压力小于其上填土自重。

（2）涵洞顶部典型平面内"－10cm""－50cm""－100cm"处的土压力值在填土初期与其上部填土自重接近，到填土后期，土压力增长速度缓慢，土压力值小于其上部土柱自重。土压力的变化反映土中应力场随着填土高度的增加而变化情况，"土拱效应"导致其上部土体的一部分土压力向下传递，致使－10cm 处土压力小于其上部土体自重。远离涵洞的位置，考虑涵洞地形边界条件对其周围应力场的影响，土压力值小于其上部填土自重。在填土加载全过程中，随着填土高度的增加，整个平面内测点的垂直土压力数值及其增长速度都呈现明显非线性变化趋势。初期土压力数值增长幅度大、增加速度快；填土达到一定高度后，土压力数值仍有增加，但增长缓慢。综合各种工况情况，涵洞侧面"－25cm"位置土压力在填土达到一定高度后，其土压力的增长速度和数值都大于涵洞侧面其他位置的土压力数值，这也说明填土中由于应力重新分布产生"土拱效应"，使得涵洞顶部垂直土压力计算应该考虑填筑初期沉降差引起的"附加应力"和后期"土拱效应"的共同作用。

（3）由于填土材料、地基处理方式的不同，使得土压力系数曲线在各种工况下，填土初期有些偏差，但总体趋势走向是一致的。土压力系数变化在填土初期大于 1，随填土高度增加，土压力系数递减，但递减的幅度逐渐减小，当填土达到一定高度后，土压力系数递减至小于 1，趋于稳定。M3 工况下，涵顶典型平面中间点土压力计埋设紧贴涵洞，距离涵洞顶部过近，由于涵洞本身的刚度远大于其两侧填土，造成该点土压力集中，土压力值远大于其上填土自重，最终土压力系数达到 1.44，分析中可不予考虑。

（4）根据模型试验分析，涵洞顶部产生"土拱效应"的填土高度为距涵洞顶部平面 90cm 附近，相当于实际填土的 18m 左右，结果与文献 [44] 相符，本书结果偏于保守。

3.6.3　不同地基工况下垂直土压力分布

在填土材料相同前提下，不同地基处理方式工况涵洞顶部典型平面在－0cm、－25cm 处的垂直土压力对比结果如图 3.21 和图 3.22 所示。

（1）填土材料为湿砂土。

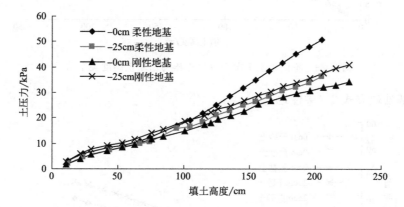

图 3.21　不同地基工况下垂直土压力与填土高度关系曲线

（2）填土材料为亚黏土。

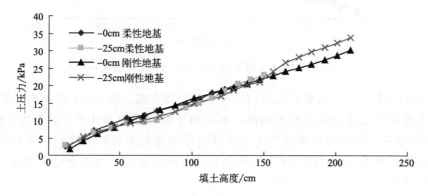

图 3.22　不同地基工况下垂直土压力与填土高度关系曲线

由图 3.21、图 3.22 可得到，典型平面－0cm 位置处（图 3.21 中由于试验原因，湿砂土条件下该处产生应力集中的情况予以忽略）柔性地基的垂直土压力数值略大于相应位置处刚性地基的土压力；－25cm 位置处，柔性地基的垂直土压力数值小于相应位置处刚性地基的土压力。同一种填土材料，相同的物理力学性质（重度、内摩擦角及黏聚力等）条件下，地基为刚性地基的涵洞上部土中"土拱效应"更易得以发挥。

3.6.4　不同填土工况下垂直土压力分布

地基处理方式相同填土材料不同的各种工况下，涵洞典型平面在－0cm、－25cm 处垂直土压力对比结果，如图 3.23，图 3.24 所示。

（1）地基处理方式 1（刚性地基）。

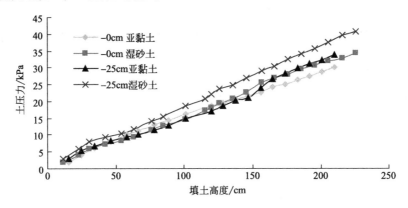

图 3.23　不同填土工况下垂直土压力与填土高度关系曲线

（2）地基处理方式 2（柔性地基）。

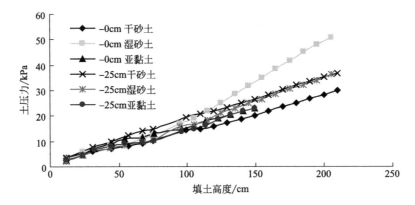

图 3.24　不同填土工况下垂直土压力与填土高度关系曲线

　　从图 3.23、图 3.24 中分析，对应同一种地基处理方式，填土材料的不同，导致－0cm，－25cm 位置处对应土压力数值也不相同，可见填土的物理力学性质（黏聚力、内摩擦角）对土压力的分布有一定影响，垂直土压力计算时应考虑填土材料的性质。在相同地基条件下，－25cm 位置处土压力数值大于－0cm 位置处土压力数值，是由于受到应力重分布产生"土拱效应"的影响。

3.6.5　地基土层垂直土压力分布

　　柔性地基中距涵洞中心水平距离 25cm 处是容易产生塑性区、发生剪切破坏的地方（因为涵洞基础边缘处土层产生较大的附加应力并产生应力扩散），故选该处布设的土压力计进行分析。土层标高分别为 24.5cm 和 39cm，3 种填土材料中地基土层中心距涵洞中心水平距离 25cm 处的垂直土压力与填土高度关系如图 3.25 所示。选取地基土层标高为 39cm（距涵洞底板垂直距离为 2.5cm），对同一水平面内，地基土层中心土压力结果见图 3.26 所示。

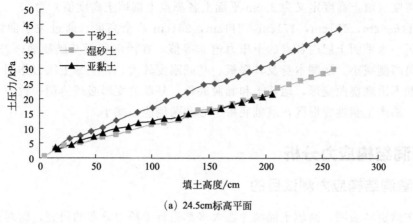

（a）24.5cm 标高平面

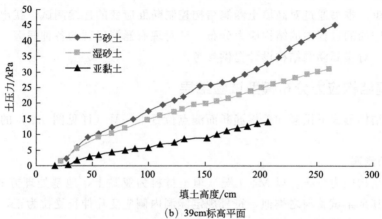

（b）39cm 标高平面

图 3.25　24.5cm 和 39cm 标高平面垂直土压力与填土高度关系曲线

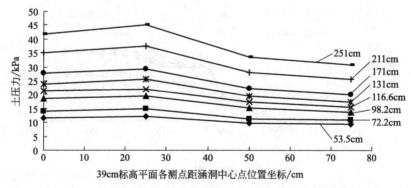

图 3.26　39cm 标高平面垂直土压力与测点坐标关系曲线

从图 3.25 可以看出，土层标高分别为 24.5cm 和 39cm，距涵洞中心水平距离为 25cm 处垂直土压力的分布为干砂土填料在该处产生的垂直土压力最大，其次为湿砂土，最后是亚黏土。填土材料不同，附加应力也不尽相同。

柔性地基土层中，标高为 39cm 平面（该平面距涵洞底板垂直距离为 2.5cm）内各测点位置与其土压力的关系曲线如图 3.26 所示。根据模型试验测点埋设，测点位置分别距涵洞底板中心点距离为 −0cm，−25cm，−50cm，−75cm 四点，图 3.26 中曲线由下至上分别对应填土高度（填土高度定义为 39cm 平面上各测点上部填土高度值）为 53.5cm，72.2cm，98.2cm，116.6cm，131cm，171cm，211cm，251cm 八个高度。通过关系曲线的走向，得出地基在同一水平面土层内各点的土压力值非等值，在涵洞底板基础侧面 -25cm 处的土压力最大，向两侧减小。涵洞本身及其底板、基础刚度较大，在上部土压力作用下，为了保证底板、基础不出现挠曲变形，地基土和涵洞底板、基础的变形必须协调一致。在基础边缘处应力较大，易产生塑性变形区，基础底板中心和两侧应力减小。

3.7　涵洞结构应力分析

3.7.1　涵洞结构应力测试目的

各类文献资料表明，高填土涵洞课题大多都进行土压力分布的研究，而对涵洞结构的应力分布研究较少，本书通过对高填土涵洞结构控制断面应变的连续测试，找出涵洞结构在其上部填土高度增加的过程中的结构应力分布。针对现有涵洞出现的各种病害，探讨其破坏原因与破坏模式，对实际涵洞结构设计提供参考。

3.7.2　涵洞结构应力分布模型试验结果

两种涵洞结构形式下拱涵和盖板涵断面测点位置Ⅰ～Ⅵ（详见图 3.2）的应力分布结果如下。

3.7.2.1　拱涵涵洞

（1）涵洞结构应力分布。以 M4 工况（填土材料为亚黏土，地基处理方式为柔性条件）为代表分析，其余组试验与之类似，符号规定涵洞内侧应变片伸长受拉为正，得出涵洞结构测点位置的应力分布如图 3.27 所示。

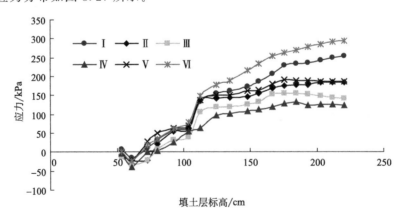

图 3.27　拱涵结构测点位置应力分布

从上图中可以看到，涵洞底板Ⅵ处产生的拉应力最大，其次是拱顶Ⅰ处，侧墙的底部Ⅴ、拱腰Ⅱ和拱底Ⅲ处的应力次之，最小的是侧墙上部Ⅳ处。具体的涵洞结构应力分布如图 3.27 所示。

（2）不同地基形式对涵洞结构应力影响。考虑地基形式的不同，分析刚性地基和柔性地基对 M4 工况中涵洞对应位置处的应力影响。拱顶Ⅰ、拱腰Ⅱ和底板Ⅵ处的结果如图 3.28 所示。

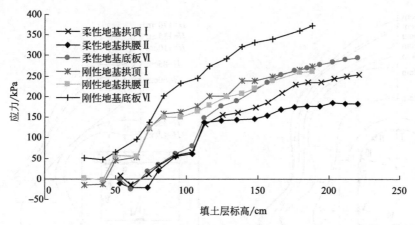

图 3.28　不同地基条件的填土高度和涵洞结构应力分布对比关系

从上图可看到，两种地基形式影响涵洞结构应力分布，拱顶、拱腰和底板的对应位置处，刚性地基处理方式下的应力值大于柔性地基。填土高度达到一定高度后，土体中的"土拱效应"逐渐发挥出来，导致土中应力重新分布。柔性地基条件下，涵洞允许少量沉降，"土拱效应"发挥程度好于刚性地基，这与前述的不同地基条件下垂直土压力分布规律也相吻合。

3.7.2.2　盖板涵涵洞

取 M7 试验工况（填土材料为亚黏土，地基处理方式为柔性条件）分析，符号规定涵洞内侧应变片伸长受拉为正，得出涵洞结构关键位置的应力分布如图 3.29 所示。

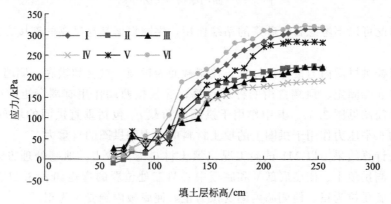

图 3.29　盖板涵涵洞结构应力分布图

从图 3.29 中可以看到，涵洞结构应力随着填土高度变化呈非线性增长，涵洞底板 Ⅵ 处产生拉应力最大，其次是拱顶 Ⅰ 处和侧墙的底部 Ⅴ 处，拱腰 Ⅱ、侧墙顶部 Ⅳ 和拱底 Ⅲ 处的应力接近。盖板涵与拱涵结构应力分布大体一致，具体的涵洞结构应力分布如图 3.30 所示。

3.7.3　涵洞结构应力分布力法计算结果

3.7.3.1　拱涵涵洞

（1）力学模型的简化[8,79]。拱圈采用等截面圆弧拱，矢跨比 f 为 1/2。根据试验情况，拱涵的侧墙和底板采用整体式结构。涵洞模型的拱圈是采用模板先预制后用与涵洞配比相同的材料铺砌在拱脚和拱座连接处而制成，但其主要作用是找平，且拱圈厚度较拱座顶部厚度

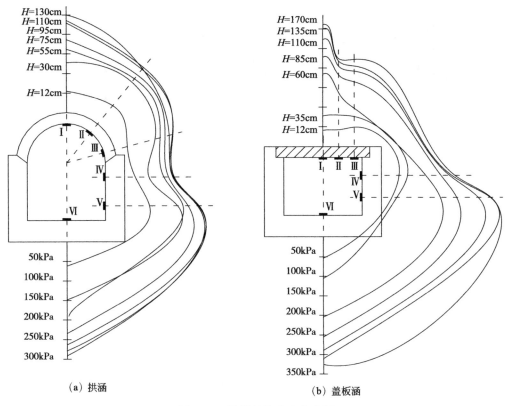

（a）拱涵　　　　　　　　　　　（b）盖板涵

图 3.30　涵洞结构应力分布图

要小得多，因此可以不考虑石膏砂浆的粘结作用，拱圈根据其与拱座的连接方式，按双铰拱计算。

等截面双铰拱拱圈内力按力法计算，控制截面为拱顶、拱腰和拱底；侧墙与底板整体式连接，侧墙按底端固定、顶端自由的杆件计算；底板按两端作用有端弯矩的简支倒置梁计算。具体计算简图见图 3.31。其中作用于拱圈的荷载 q_1 包括垂直拱圈的均布垂直土压力，作用在拱圈的水平压力作用于拱圈上的填土材料的重力和拱圈的自重力。

（2）力法计算结果。以 M1 试验工况（填土材料为干砂土、地基处理方式为刚性）为例，计算出涵洞拱顶 Ⅰ、侧墙底部 Ⅴ 和底板中心 Ⅵ 三处位置的弯矩如表 3.11 所示，弯矩符号规定：使拱底受拉为正，使侧墙内侧受拉为正，使底板内侧受拉为正。

表 3.11　拱涵涵洞结构弯矩数值表

填土高度 /cm	Ⅰ /(N·m)	Ⅴ /(N·m)	Ⅵ /(N·m)	填土高度 /cm	Ⅰ /(N·m)	Ⅴ /(N·m)	Ⅵ /(N·m)
12	0.97	−2.17	20.32	100	9.79	−14.42	168.04
30	2.82	−1.11	51.29	120	11.65	−16.91	198.91
45	4.23	−4.02	74.87	140	13.50	−19.27	229.51
55	5.51	−6.59	96.42	160	15.29	−21.18	259.07
70	6.59	−8.71	114.57	180	16.90	−21.55	285.21
85	7.38	−10.25	127.87	200	18.14	−18.85	298.53

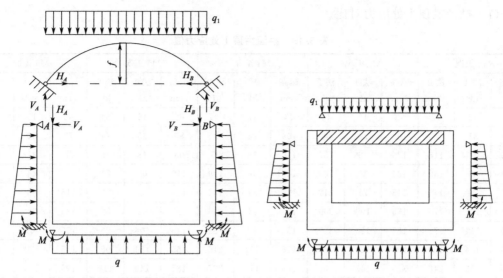

图 3.31　拱涵涵洞结构计算简图　　　图 3.32　盖板涵涵洞结构计算简图

3.7.3.2　盖板涵涵洞

（1）力学模型的简化[8,79]。试验涵洞侧墙和底板采用整体式结构，侧墙采用等厚度。盖板单独制作，根据结构力学原理，可将盖板简化为两端简支的梁结构，侧墙水平反力对盖板受力影响忽略；侧墙按顶端简支底端固定的杆件计算；底板按两端作用有端弯矩的简支倒置梁计算，底板下地基反力近似为均匀分布。具体计算简图如图 3.32 所示，其中作用于盖板的荷载 q_1 包括均布垂直土压力和盖板的自重力。

（2）力法计算结果。以 M7 试验工况（填土材料为亚黏土、地基处理方式为柔性）为例，整理出涵洞拱顶Ⅰ、侧墙底部Ⅴ和底板中心Ⅵ三处位置的弯矩如表 3.12 所示，弯矩符号规定同拱涵规定。

表 3.12　盖板涵涵洞结构弯矩数值表

填土高度/cm	Ⅰ/(N·m)	Ⅴ/(N·m)	Ⅵ/(N·m)	填土高度/cm	Ⅰ/(N·m)	Ⅴ/(N·m)	Ⅵ/(N·m)
8	2.91	−1.58	14.85	90	31.98	−9.38	127.14
17	5.82	−2.41	25.99	100	35.31	−10.31	139.95
25	8.55	−3.15	36.56	120	40.53	−11.79	159.98
37	12.77	−4.26	52.90	135	45.74	−13.27	179.94
50	16.82	−5.32	68.57	150	50.90	−14.75	199.71
60	20.31	−6.25	82.07	165	55.89	−16.24	218.72
70	23.90	−7.20	95.95	180	60.51	−17.72	236.15
80	27.61	−8.19	110.29	200	64.54	−19.20	251.00

3.7.4　实测结果与结构力法计算结果对比

M1～M7 六种试验工况的涵洞结构应力的实测值和结构力学理论计算值对比部分结果如表 3.13 及图 3.33～图 3.35 所示，以 M1-Ⅰ-1 为例说明相关组合含义。第一组字母代表试验工况；第二组字母代表测点位置，Ⅰ代表涵洞顶部，Ⅴ代表涵洞侧墙底部；第三组数字表示采用何种方法得出的数据，1 是结构力法，2 是模型试验实测法。

（1）拱涵拱顶Ⅰ处应力对比。

表 3.13　拱涵拱顶Ⅰ处应力值

M1 工况			M3 工况			M4 工况			M5 工况			M6 工况		
标高 /cm	法1 /kPa	法2 /kPa	标高 /cm	法1 /kPa	法2 /kPa	标高 /cm	法1 /kPa	法2 /kPa	标高 /cm	法1 /kPa	法2 /kPa	标高 /cm	法1 /kPa	法2 /kPa
93	12	42	93	12	40	93	12	−7	62	15	54	62	11	5
110	31	57	104	24	68	104	24	9	80	35	74	73	22	29
125	46	116	125	46	137	110	33	95	93	48	86	80	31	36
140	59	132	135	57	188	125	46	119	110	69	81	93	44	40
155	79	144	145	71	212	135	57	132	125	82	83	115	66	51
180	104	177	175	100	309	145	71	146	135	93	83	135	89	71
190	114	179	185	110	327	155	80	163	145	106	96	150	106	83
210	134	199	205	129	386	175	101	216	165	124	95	175	130	114
230	153	216	225	149	450	185	110	227	185	142	119	195	150	135
250	172	245	245	168	512	195	118	236	200	160	149	215	169	160
270	188	280	265	185	656	205	127	258	230	183	171	235	185	189

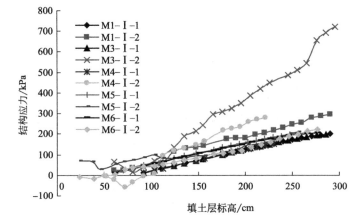

图 3.33　拱涵拱顶应力结构力法计算值与实测值的比较

（2）拱涵侧墙底部Ⅴ处应力对比。

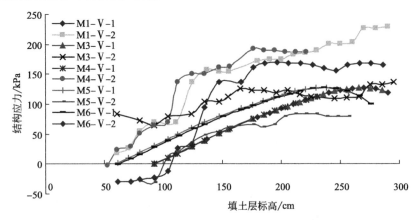

图 3.34　拱涵侧墙底部应力结构力学理论值与实测值的比较

（3）盖板涵拱顶 I 处、侧墙底部 V 处应力对比。

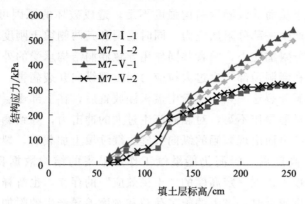

图 3.35　盖板涵 I、V 处结构力学理论值与实测值的比较

表 3.13、图 3.33～图 3.35 中数据显示，由于试验测量环境的不稳定，导致实测结果不像结构力学理论方法计算数值稳定，但以拱顶、侧墙底部两处应力为例，两种方法得出的应力分布总体趋势一致，可以互相验证。力法是将填土压力仅仅作为涵洞的外部荷载进而按照解超静定问题来求解计算的，而实际涵洞与其周围的填土是相互作用的，填土既是涵洞的外部荷载，同时涵洞埋置其中，填土又对涵洞起支撑作用，涵洞与其填土构成一个变形、受力相互协调，彼此关联的统一结构体系，而实际测量值与结构力法的不同，恰恰反映了涵洞填土之间的相互作用，故测量结果更加合理。图中显示，在填土开始阶段，两种方法数值相差大，是由于结构力法是填土填筑到涵洞顶部以后，以涵洞结构作为脱离体，将填土压力作为外荷载一次加载到整个涵洞结构上的，无法体现两者相互作用对涵洞结构内力的影响，而实际测量情况是当涵洞侧面填土后即开始涵洞测点位置的应变测量，收集的数据也显示出各个测点位置的应变值有变化，但后期两种方法得到的应力数值都趋于稳定。

3.7.5　涵洞破坏原因初探

试验研究最终要服务于实际，针对现有收集到的涵洞资料，总结涵洞病害类型、分析病害机理，才能针对问题采取改进措施。所以，本书重点研究涵洞上部填土的土压力分布和涵洞结构的应力分布，试图分析病害存在的原因，这在实际中显得尤其有意义。

3.7.5.1　病害类型

参阅相关文献[4,13,14]，涵洞破坏位置大多集中在洞身和端口翼墙处，主要破坏形式大致为：

（1）洞身纵、横向裂纹（缝），涵顶、底部线形弯曲；

（2）翼墙与洞身处沉降缝开裂，翼墙表面砂浆脱落，出现竖向、横向裂缝。

3.7.5.2　病害原因

导致涵洞开裂的原因很多，大致可分为如下三个主要方面。

（1）设计原因。文献［53］发现在实际施工过程中，拱圈上出现纵向裂缝，施工时未进行加固，观察一个多月后继续填筑，直到设计标高，工程完成后裂缝趋于稳定，尚未发展。该文献建议在高填土涵洞设计中可以采用卸荷拱理论，使涵洞结构经济。本书中各种试验工况也证明在高填土涵洞设计中，确实存在"拱效应"，设计中应予以考虑。实际中采用《公路桥涵设计通用规范》（JTG D60—2015）时，计算的土压力数值大于考虑拱效应后得到的数值，由此计算的结构是保守的，但实际中仍出现病害。造成破坏的原因可能并非是涵洞顶部土压力荷载计算过小从而导致涵洞结构强度不足，造成破坏的原因可能来自于填土初期，施工荷载在涵洞顶部产生一部分附加应力，同时涵洞和其两侧填土刚度不同导致沉降差异在涵洞顶部又产生一部分附加应力，两者共同作用导致涵洞结构承受的外荷载大于其最终设计荷载，而使涵洞洞身在涵洞顶部产生过大拉应力而出现纵向开裂病害。本书 M7 工况下的试验情况也很好解释涵洞开裂这一点，试验中盖板涵放置后，在上部逐层填土，由于初期填土高度较低，实验压实过程操作不当，对涵洞产生过大的冲击力，导致涵洞盖板下表面所受拉应力大于材料容许拉应力而出现顺涵的纵向裂缝。继续填土加载后，裂缝发展非常缓慢，整个试验达到预定填土高度后，涵洞仍能继续工作，采集的结构数据良好，裂缝情况见图3.36。试验分析证明填土达到一定高度的"土拱效应"的存在，也解释涵洞洞身出现纵向裂缝的原因，即填土高度较低时，过大的施工荷载和刚度差异产生的附加应力在涵洞顶部产生应力集中，导致涵洞结构受力不合理，涵洞材料承受过大拉应力而产生病害。

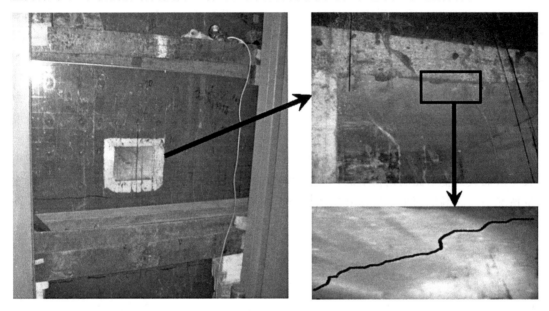

图 3.36　模型涵洞裂缝

（2）地基原因。通过模型试验结果可知，地基处理方式不同，涵洞上部填土压力及结构应力所得结果都会有差异。地基土质参数的不同，沉降量不同，基础、两侧填土不均匀沉降等都会导致洞身结构受力不合理而出现横向裂缝。

（3）施工原因。涵洞施工过程中的不当操作也会引起涵洞病害。涵洞两侧填土没有做到对称填土或填土没有充分夯实，导致涵洞偏载或遭受集中应力破坏；涵洞上填土在 1m 以下就通过或进行重型机械碾压，且又在没有任何保护措施下使各种施工车辆通行，致使涵洞出现破坏。

3.8　填土层沉降分布

3.8.1 涵洞顶部平面内各标记点沉降

以 M3 工况（填土材料为湿砂土，地基处理方式为柔性）和 M6 工况（填土材料为湿砂土，地基处理方式为刚性）为例，取标高为 80.5cm 处土层平面上的 6 个沉降标志点为研究对象，距涵洞中心点的距离为 0～80cm，分别表示为 "−0cm"，"−10cm"，"−18cm"，"−26cm"，"−40cm"，"−80cm"，具体布置如图 3.4 所示，得出的测点沉降随填土高度增加的变化如图 3.37 和图 3.38。

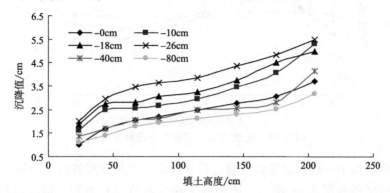

图 3.37　M3 工况下 80.5cm 标高土层处各标志点沉降与填土高度关系图

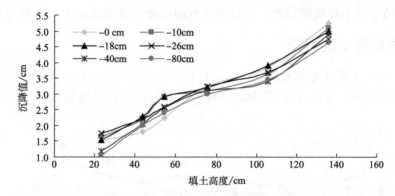

图 3.38　M6 工况下 80.5cm 标高土层处各标志点沉降与填土高度关系图

由图 3.37、图 3.38 可知，土层各标志点的沉降曲线先陡后缓，沉降差随填土高度的增加，呈现递减变化趋势。填土初期曲线较陡，沉降差较大，到后期趋于平缓（加载到最后一级，模型箱有变形，最后填土高度的沉降可不考虑）；涵顶平面中心点 −0cm 和两侧标记点沉降存在差异，是由于涵洞和两侧填土刚度的不同造成的，开始阶段，涵洞侧面 26cm 标记点沉降最大，沉降差达到 1.3cm，随着填土高度增加，侧面土体被压实，沉降差值逐渐减小，但到后期，每层土加载引起的沉降差异缩小。从整个图形来看，涵洞侧面 18～26cm 附近沉降量最大，在 80cm 处最小。在 80cm 处沉降最小，出现该现象一是由于刚度差异影响最小，二是由于地形条件影响，模型箱侧壁有向上的摩擦力，阻止土体下沉。对比图 3.37 与图 3.38，发现刚性地基条件下各测点的沉降差很小，且与柔性地基相差不大。总体说，涵洞顶部土层的沉降变形形状为上凸形，即涵洞侧面 18～26cm 附近为最高点，向两侧减小，具体见图 3.39。

3.8.2　涵洞顶部各土层沉降变形

选取 M3 工况（填土材料为湿砂土，地基处理方式为柔性）分析，模拟填土高度达到 195cm，分别选取标高为 58.5cm，70.5cm，80.5cm，92.5cm，125.0cm 的土层，通过试验测量数据，得出上述各标高处填土土层的沉降曲线，如图 3.39 所示。

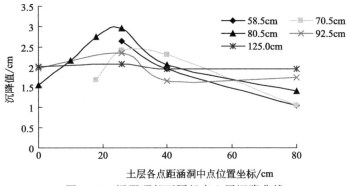

图 3.39　涵洞顶部不同标高土层沉降曲线

模型试验中，由于一些因素导致试验过程某些标记点的沉降值无法测量，将获取到的数据进行整理后的结果如图 3.39 所示。图中各条曲线数值存在差距，但总体趋势是一致的，在距中心点位置坐标 26cm 处的沉降值最大，与中心点距离增大，沉降趋于平缓；同时由各条曲线看出，随着填土高度的增加，土层中各点的沉降差异逐渐缩小，近似均匀沉降。

3.8.3　涵洞地基土层沉降

选取 M1、M3 工况（地基处理方式为柔性）下，标高为 24.5cm 地基土层内沉降标记点 －0cm、－26cm 分析，在图 3.40 绘制出两种工况下随填土高度增加地基土层标志点的沉降值关系曲线。

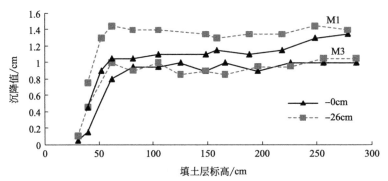

图 3.40　地基土层沉降标志点沉降值与填土高度关系曲线

从图中得出，标高为 24.5cm（地基）土层标记点的沉降量为非均值，两种工况（M1，M3）下－0cm 位置处沉降变形量略小于－26cm 处的沉降值。在地基土层夯实后，测得标记点的沉降量前期沉降较大，在上部土压力作用下，砂土颗粒移动重新排列，土层压缩，沉降量增大；待填土后期，砂土的沉降值趋于稳定，曲线近似平直。当上部荷载继续增大后，砂土地基产生塑性变形后，沉降值还会继续增加。当地基土是黏性土，黏性土排水固结时间较长，故 M4 工况反应黏土地基标志点沉降量随时间增长持续增加。

3.9　小结

本章主要完成模型试验并总结出高填土涵洞垂直上压力分布、涵洞结构应力分布和土层沉降分布及涵洞初期出现病害的原因。对已完成的 7 种试验工况下模型试验结果整理得出如下结论。

（1）对典型平面内土压力计的测试数据整理，得到每一种试验工况下的填土高度与垂直土压力、垂直土压力系数关系曲线。填土高度增加，垂直土压力数值及其增长速度都呈现明显的非线性增长，土压力系数由大于 1 逐渐过渡到小于 1。沉降差引起的附加应力和土拱效应共同作用综合决定高填土涵洞垂直土压力分布。

（2）分析填土材料、地基条件的不同对垂直土压力分布的影响时，得出刚性地基更易发挥"土拱效应"，从而改变涵洞顶部、侧面的应力分布。另外本章还对比分析三种填土材料的土性参数对垂直土压力分布的影响。

（3）采用模型试验和结构力法两种方法分析拱涵和盖板涵的应力分布。结果对比说明实际测量的数据结果反映出涵洞是一个与周围填土共同工作的统一结构体，模型试验法较结构力学法更能反映涵洞的实际工作性能，结果更加可靠。

（4）总结涵洞病害类型，分析涵洞破坏原因。填土初期的施工荷载、材料刚度差异在涵洞顶部产生附加应力，导致涵洞结构承受的外荷载大于其设计荷载，而使涵洞出现纵向开裂病害；地基形式及土质的不同，造成不均匀沉降，导致洞身结构出现横向裂缝；一些不合理的施工方法也使涵洞出现各种病害。

（5）采用自行设计的电子式计数显微镜对土中埋设的沉降标志点进行沉降测量，得出土层的沉降位移分布。涵洞顶部土层的沉降变形性状为上凸形，而地基土层变形均匀，随着填土高度的增加，土层中各点的沉降差异逐渐减小。

第4章
高填土涵洞数值模拟研究

4.1 概述

许多岩土工程的实际问题，由于岩土的非均质、非线性特性以及几何状态的任意性、不连续性等因素，在多数情况下不能获得解析解。最近二十多年来，随着计算机技术的迅速兴起，数值计算分析受到极大重视，差分法、有限单元法、边界单元法、变分法和加权余量法等各种数值分析方法在岩土工程中都得到了广泛应用，其中使用最为普遍的是有限元法和差分法[80,81]。

有限元作为一种分析计算手段，在工程计算中应用很广，具有很强的适用性。有限元法是用有限个单元所构成的离散化结构代替原来的连续体结构，来分析应力与变形。与其他方法相比，有限元法适用性能强，无论待计算的材料性质与外荷载如何变化，其均可应用。当然，有限元法也有其固有的缺点，从用于岩土工程的实例来看，有限元计算结果的正确性很大程度上取决于有限元计算软件的优劣、计算参数的选取和几何模型的确定[82-84]。

伴随着计算方法及计算技术的发展，有限元法与计算机结合使用为分析复杂结构系统受力提供了有力工具。本研究利用大型有限元软件 ANSYS 对高填土涵洞问题进行建模计算，利用其高效的计算功能，修改模型参数可以得到不同工况下的计算结果，为模型试验的研究成果提供补充。模型试验的数据具有直观性，也可以验证数值分析的正确性。模型试验的研究成果与数值分析结果相互补充，可以最大限度地发挥二者的效率。

4.2 有限元数值模拟

4.2.1 有限元软件 ANSYS

ANSYS 是以有限元分析为基础的大型通用计算软件，具有功能强大、兼容性好、使用方便、计算速度快等优点，广泛应用于核工业、铁道、石油、化工、航天航空、机械制造、能源、交通、国防军工、电子、土木工程、水利工程等一般工业及科学研究领域。

ANSYS 软件主要有 3 个部分：前处理模块、分析计算模块和后处理模块。它不仅具有结构静力分析、结构动力学分析、结构非线性分析、动力学分析、热分析等基本的功能，而且还具有优化设计、建立子结构模型等高级应用功能。

　　有限单元法是建立在连续介质力学基础上的数值分析方法。在各类数值分析方法中，有限单元法在土木工程中得到很多的应用。在土木工程有限元分析中影响分析精度的主要因素包含材料本构模型的合理程度和有限元计算的精度两个方面。在计算分析中，合理选用本构模型和相应的模型参数，是提高分析精度的关键。

4.2.2　几何模型的确定

　　对于本书的高填土涵洞，涵洞有拱涵和盖板涵两种涵洞形式。对于涵洞而言，由于其结构的几何形状可看作是无限长的柱形体，可简化为平面应变问题来处理。

4.2.2.1　单元模型

　　采用平面四节点等参单元作为涵洞和填土材料的单元模型。单元形函数为

$$N_i = \frac{1}{4}(1 + \xi_i\xi)(1 + \eta_i\eta) \tag{4.1}$$

　　位移模式为

$$u(\xi,\ \eta) = \sum_{i=1}^{4} N_i(\xi,\ \eta)u_i \tag{4.2}$$

$$v(\xi,\ \eta) = \sum_{i=1}^{4} N_i(\xi,\ \eta)v_i \tag{4.3}$$

　　式中，u_i、v_i 为单元中用整体坐标表示的结点水平位移和竖直位移。

4.2.2.2　边界条件处理

　　ANSYS 模拟模型试验实际边界，上边界为自由边界，左右边界为水平方向固定、垂直方向自由，下边界为水平、垂直方向均固定。具体约束施加见图 4.1。

4.2.2.3　网格划分

　　数值模拟以模型试验为建模对象，取完整的地形边界和涵洞结构进行建模。有限元网格划分采用手动网格划分，考虑到几何模型网格划分的大小、疏密程度对计算结果的准确性和精度及计算时间的影响，取土体单元网格间距为 5cm，涵洞结构网格间距为 2cm，划分网格后的有限元模型如图 4.1 所示。

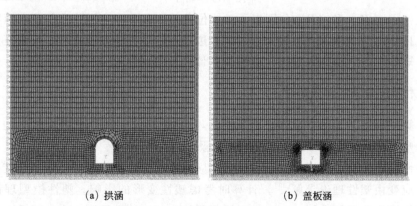

(a) 拱涵　　　　　　　　　　　　　　(b) 盖板涵

图 4.1　涵洞有限元平面网格划分及边界约束示意图

4.2.3　刚度矩阵形成

　　(1) 单元应变和应力[111]。单元中任一点的应变为：

$$\{\varepsilon\}^e = \{\varepsilon_x,\ \varepsilon_y,\ \gamma_{xy}\}^T = [B]\{\delta\}^e \tag{4.4}$$

式中，$\{\delta\}^e$ 为单元结点位移列阵；$[B]$ 为应变矩阵。

单元中任一点的应力为：$\{\sigma\} = [D][B]\{\delta\}^e$ \hfill (4.5)

对于平面应变问题，

$$[D] = \frac{E(1-\mu)}{(1+\mu)(1-2\mu)}\begin{bmatrix} 1 & \dfrac{\mu}{1-\mu} & 0 \\[3mm] \dfrac{\mu}{1-\mu} & 1 & 0 \\[3mm] 0 & 0 & \dfrac{1-2\mu}{2(1-\mu)} \end{bmatrix} \tag{4.6}$$

在弹塑性有限元分析中，由于单元内部应力是变化的，在非线性计算时，可能有的区域进入塑性状态，而有的区域仍在弹性状态。此时，矩阵 $[D]$ 不再是材料性质的常数矩阵，而是与应变 $\{\varepsilon\}$ 有关的值，材料的本构关系为 $\{\sigma\} = [D(\{\varepsilon\})]\{\varepsilon\}$。接下来问题转化成为求解非线性方程组的问题。

（2）单元刚度矩阵。利用虚功原理，可建立单元结点力与结点位移之间的关系。

$$\{F\} = [k]^e\{\delta\} \tag{4.7}$$

$$[k]^e = \int_{-1}^{1}\int_{-1}^{1}[B]^T[D][B]t\,|J|\,\mathrm{d}\xi\mathrm{d}\eta = \sum_{i=1}^{n}\sum_{j=1}^{n}f(\xi_i,\ \eta_i)H_iH_j \tag{4.8}$$

式中，$\{F\}$ 为单元结点力列矩阵；$[k]^e$ 为单元刚度矩阵。

（3）整体分析。设弹性体剖分成 n 个单元，总应变能等于各单元应变能之和；总外力虚功应等于单元外力虚功之和。根据虚功方程：

$$\sum_{i=1}^{n}(\{\delta^*\}^T\{F\}) = \sum_{i=1}^{n}(\{\delta^*\}[k]\{\delta\}) \tag{4.9}$$

式中，$\{\delta^*\}$ 为虚位移列矩阵。

改写上式，并令等式两边与虚位移相乘的矩阵相等，得到

$$[K]\{U\} = \{P\} \tag{4.10}$$

式中，$\{U\}$、$[K]$ 和 $\{P\}$ 分别表示总体位移列矩阵、刚度矩阵和荷载列矩阵。

式（4.10）称为总体刚度矩阵方程，引入边界条件对总体刚度方程进行修正后，求解得到总体位移矩阵，然后由几何方程和本构关系计算各单元的应变和应力分量。

4.2.4 材料的本构模型

本书计算模型中涉及填土和涵洞两种材料，涵洞模型材料采用理想弹性本构模型，土体材料采用弹塑性本构模型和 Drucker-Prage 屈服准则[85,86]。

在弹塑性模型的分析中把总应变分为弹性应变和塑性应变两部分，弹性应变用胡克定律计算，塑性应变由塑性理论求解[39]，计算时考虑塑性变形的影响。塑性模型理论包括三部分：（1）破坏准则和屈服准则；（2）加工硬化规律；（3）流动法则。本节将重点介绍符合岩土体材料的屈服准则[87]。

屈服准则的表达式是：

$$F = \sigma_e - \sigma_y = 0 \tag{4.11}$$

式中，σ_y 为 DP 材料的屈服应力；σ_e 为 DP 材料的等效应力，在 VonMises 表达式中增

加静水压力附加项，具体表达式为

$$\sigma_e = 3\beta\sigma_m + \left[\frac{1}{2}\{S\}^T[M]\{S\}\right]^{1/2} \tag{4.12}$$

式中，σ_m 为静水压力；$\{S\}$ 为偏应力；β 为材料常数。

β，σ_y 是内摩擦角和黏聚力的函数，内摩擦角和黏聚力可通过受压屈服应力和受拉屈服应力计算求出。故 β，σ_y 的表达式为

$$\beta = \frac{2\sin\varphi}{\sqrt{3}\,(3 - \sin\varphi)} \tag{4.13}$$

$$\sigma_y = \frac{6c\cos\varphi}{\sqrt{3}\,(3 - \sin\varphi)} \tag{4.14}$$

4.2.5　求解材料非线性问题的牛顿-拉普森法

近似的非线性求解是将荷载分成一系列的荷载增量。可以在几个荷载步内或者在一个荷载步的几个子步内施加荷载增量。在每个增量的求解完成后，继续进行下一个荷载增量之前调整刚度矩阵以反映结构刚度的非线性变化。

ANSYS 程序通过使用牛顿-拉普森平衡迭代解法实现非线性求解。图 4.2 描述了在单自由度非线性分析中牛顿-拉普森平衡迭代解法的使用。在每次求解前，牛顿-拉普森方法估算出残差矢量，这个矢量是回复力（对应于单元应力的荷载）和所加荷载的差值。程序然后使用非平衡荷载进行线性求解，并且核查收敛性。如果不满足收敛准则，重新估算非平衡荷载，修改刚度矩阵，获得新解，持续这种迭代过程直到问题收敛[112,113]。

要求解的方程为：

$$K(d)d - P(d) = 0 \tag{4.15}$$

为了讨论方便，令

$$\phi(d) = \tilde{\phi}(d) - P(d) \tag{4.16}$$

式中

$$\tilde{\phi}(d) = K(d)d \tag{4.17}$$

若 d 是式（4.15）的解，则有 $\phi(d) = \tilde{\phi}(d) - P(d) = 0$

退化到一维情形，如图 4.3 所示。从力学角度看，$\tilde{\phi}(d)$ 是内力，而 $\phi(d)$ 就是内力与外力不平衡的力，只有当找到精确解 d 时，不平衡力为零。

下面构造一个线性逼近序列

$$d^{(0)}, d^{(1)}, \cdots, d^{(n)}, d^{(n+1)}, \cdots \tag{4.18}$$

使其当 $n \to \infty$ 时，有 $d^{(n)} \to d^*$，$\phi(d^{(n)}) \to 0$

构造序列式（4.18），采用 Newton-Raphson 提出的 Taylor 展式构造法，简称 N-R 法。

对于具有一阶导数的连续函数 ϕ，若已知 $d^{(n)}$，则在 $d^{(n)}$ 处作一阶 Taylor 展开，就可得到近似计算公式：

$$\phi = \phi^{(n)} + K_r^{(n)}(d - d^{(n)}) \tag{4.19}$$

式中，$\phi^{(n)}$、$K_r^{(n)}$ 分别为 $d^{(n)}$ 处的不平衡力和切线刚度矩阵，且

$$\begin{cases} \phi^{(n)} = \phi(d^{(n)}) = \tilde{\phi}(d^{(n)}) - P(d^{(n)}) = K(d^{(n)})d^{(n)} - P(d^{(n)}) \\ K_r^{(n)} = \left.\frac{\partial\phi}{\partial d}\right|_{d=d^{(n)}} = \left.\left(\frac{\partial\tilde{\phi}}{\partial d} - \frac{\partial P}{\partial d}\right)\right|_{d=d^{(n)}} \end{cases} \tag{4.20}$$

如果利用式（4.19），在满足不平衡力为零的条件下，求新的逼近值，则有

$$\phi^{(n)} + K_r^{(n)}(d^{(n+1)} - d^{(n)}) = 0 \qquad (4.21)$$

由此，可得到构造性逼近序列的公式：

$$\begin{cases} K_r^{(n)} \Delta d^{(n)} = -\phi^{(n)} \\ d^{(n+1)} = d^{(n)} + \Delta d^{(n)} \end{cases} \quad n = (0, 1, 2, \cdots) \qquad (4.22)$$

将式（4.22）退化到一维情形，其线性序列逼近精确解的过程如图4.3所示。

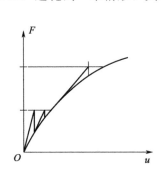

图4.2 牛顿-拉普森迭代求解

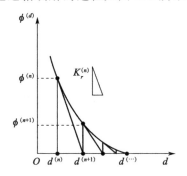

图4.3 N-R法解非线性方程

4.2.6 材料参数选择

根据模型试验测试值确定填土、涵洞材料的计算参数，剩余参数是根据土性在其一般取值范围内选取的；基本的材料计算参数取值如表4.1所示。

表4.1 数值模拟材料参数表

模拟材料	变形模量 E_0/Pa	泊松比 μ	黏聚力 c/Pa	内摩擦角 $\varphi/(°)$	容重 $\gamma/(\text{kN/m}^3)$
填土1-干砂	1.2×10^7	0.29	5000	30	17
填土2-湿砂	1.2×10^7	0.33	5000	37	17.3
填土3-亚黏土	1.8×10^7	0.37	2.9×10^4	25	17
地基土	1.8×10^7	0.39	3.2×10^4	25	19.5
涵洞模型	2.2×10^9	0.18	—	—	11.6

4.2.7 数值模拟计算过程

地基、涵洞和上部填土三者是一个联合作用的整体，本书采用逐级新增单元的有限元方法，模拟涵洞周围土体分层填筑的施工过程，较好地反映了涵洞周围土体的位移场、应力场及涵洞结构应力，这对模型试验是一种补充。具体的计算模拟过程如下。

（1）根据拟模拟涵洞所处的边界条件、受荷条件、结构物性状等情况，将其简化为平面应变问题，可以基本反映出涵洞结构及周围填土的应力分布状况。

（2）建立几何模型，取完整涵洞结构进行分析。

（3）选用材料模型，输入材料的物理力学参数。

（4）施加边界条件，填土层、涵洞模型划分网格后，施加边界约束。

（5）模拟分层加载。模拟分析中，考虑到实际的施工方法，采用逐级增加计算域内的单

元数量，模拟逐层填土过程，通过每级新增单元的自重荷载作用，计算各单元的位移增量和应力增量。并逐级累加，最终确定施工完成时，涵洞周围土体的位移场、应力场和涵洞结构应力。模拟施工填筑分层加载共分 14 级，模拟涵洞最大填筑高度 2m（实际填土高度 40m）。第 1 级为地基填土自重应力场计算；第 2 级为涵洞结构自重作用；第 3 级至第 9 级为施工填筑分层加载作用模拟，直到试验箱顶面。第 9 级至第 14 级为千斤顶加载作用模拟，每一级加载荷载按模拟 20cm 高填土自重计算。有限元分析中，把一层填土当作是一次加荷，由此计算出当前施工涵洞与土体内各处的变形和应力，上一层填土引起的变形和应力与先前值迭加，直至完成整个结构。这样就实现了整个施工顺序的模拟。分层施工的模拟在有限元中采用生死单元命令模拟，考虑填土体的初始应力场，给填土土体赋予质量密度和重力加速度。

（6）模拟结果输出。计算完成后，输出分析图形及数据文件，从数据文件中提取数据，进行整理分析。

4.3　考虑各种影响因素的垂直土压力分布数值模拟

影响高填土涵洞垂直土压力的因素[88,89]很多，由于试验条件的限制，模型试验不可能对各种影响因素条件下的高填土涵洞开展试验，实际上也是没有必要的。同时，某些因素也是难以模拟的，故本数值模拟在考虑主要影响因素前提下进行模拟，弥补模型试验数据不足的同时，也可以验证模型试验的可靠性。通过两者结果的对比分析，为确定合理的高填土涵洞垂直土压力分布提供参考。

数值模拟主要考虑四个主要影响因素。埋设地形条件，主要考虑不同的坡角取值的影响；涵洞断面特征，首先包括涵洞结构形式，分为拱涵和盖板涵结构，其次是涵洞的几何特征，主要指涵洞的高度；填土特性，主要指填土高度和填土土性参数，包括变形模量、泊松比、黏聚力和内摩擦角等；地基土特性，主要指地基土厚度和地基土土性参数。下面分别阐述考虑各个影响因素的具体方案。

4.3.1　考虑边界地形条件影响的数值模拟

模拟刚性地基处理方式，填土高度为 2m（模拟实际填土高度 40m），填土材料重度为 $17.3kN/m^3$，填土内摩擦角为 30°条件下，模拟方案如下。

（1）模拟编号 SB1：地形坡脚为 0°，涵洞高 33cm，宽 30cm，填土材料重度为 $17.3kN/m^3$，黏聚力为 5kPa，地形底面宽为 2m（注：坡脚角度为边界线与竖直面的夹角）。

（2）模拟编号 SB2：地形坡脚为 30°，涵洞高 33cm，宽 30cm，填土材料重度为 $17.3kN/m^3$，黏聚力为 29kPa，地形底面宽为 2m。

（3）模拟编号 SB3：地形坡脚为 45°，涵洞高 33cm，宽 30cm，填土材料重度为 $17.3kN/m^3$，黏聚力为 29kPa，地形底面宽为 2m。

（4）模拟编号 SB4：地形底面宽为 1m，涵洞高 33cm，宽 30cm，填土材料重度为 $17.3kN/m^3$，黏聚力为 29kPa，地形坡脚为 45°。

4.3.2　考虑填土特性影响的数值模拟

模拟刚性地基处理方式，地形坡脚为 0°，地形底面宽为 2m 条件下，模拟方案如下。

（1）模拟编号 ST1：填土高度为 0.75m，涵洞高 33cm，宽 30cm，填土材料重度为

$17.3kN/m^3$，填土内摩擦角 $30°$，黏聚力为 $5kPa$。

（2）模拟编号 ST2：填土高度为 $1.5m$，涵洞高 $33cm$，宽 $30cm$，填土材料重度为 $17.3kN/m^3$，填土内摩擦角 $30°$，黏聚力为 $5kPa$。

（3）模拟编号 ST3：填土内摩擦角 $5°$，涵洞高 $33cm$，宽 $30cm$，填土材料重度为 $17.3kN/m^3$，模拟填土高度为 $40m$，黏聚力为 $5kPa$。

（4）模拟编号 ST4：填土内摩擦角 $25°$，涵洞高 $33cm$，宽 $30cm$，填土材料重度为 $17.3kN/m^3$，模拟填土高度为 $40m$，黏聚力为 $5kPa$。

（5）模拟编号 ST5：填土内摩擦角 $37°$，涵洞高 $33cm$，宽 $30cm$，填土材料重度为 $17.3kN/m^3$，模拟填土高度为 $40m$，黏聚力为 $5kPa$。

（6）模拟编号 ST6：黏聚力为 $29kPa$，涵洞高 $33cm$，宽 $30cm$，填土材料重度为 $17.3kN/m^3$，填土内摩擦角 $30°$，模拟填土高度为 $40m$。

（7）模拟编号 ST7：填土材料重度为 $15.5kN/m^3$，涵洞高 $33cm$，宽 $30cm$，填土内摩擦角 $30°$，模拟填土高度为 $40m$，黏聚力为 $29kPa$。

（8）模拟编号 ST8：填土材料重度为 $18.5kN/m^3$，涵洞高 $33cm$，宽 $30cm$，填土内摩擦角 $30°$，模拟填土高度为 $40m$，黏聚力为 $29kPa$。

4.3.3　考虑地基土特性影响的数值模拟

填土高度为 $2m$，填土内摩擦角 $30°$，黏聚力为 $29kPa$，填土材料重度为 $17.3kN/m^3$，地形底面宽为 $2m$，地形坡脚为 $0°$ 的条件下，模拟方案如下。

（1）模拟编号 SD1：地基土内摩擦角 $5°$，涵洞高 $33cm$，宽 $30cm$，模拟地基土厚度为 $0.45m$，地基土重度为 $19.5kN/m^3$。

（2）模拟编号 SD2：地基土内摩擦角 $25°$，涵洞高 $33cm$，宽 $30cm$，模拟地基土厚度为 $0.45m$，地基土重度为 $19.5kN/m^3$。

（3）模拟编号 SD3：地基土内摩擦角 $30°$，涵洞高 $33cm$，宽 $30cm$，模拟地基土厚度为 $0.45m$，地基土重度为 $19.5kN/m^3$。

（4）模拟编号 SD4：模拟地基土厚度为 $0.25m$，涵洞高 $33cm$，宽 $30cm$，地基土内摩擦角 $25°$，地基土重度为 $19.5kN/m^3$。

（5）模拟编号 SD5：模拟地基土重度为 $16kN/m^3$，涵洞高 $33cm$，宽 $30cm$，地基土内摩擦角 $25°$，模拟地基土厚度为 $0.45m$。

4.3.4　考虑涵洞形式影响的数值模拟

模拟刚性地基处理方式，填土高度为 $2m$，填土内摩擦角 $30°$，黏聚力为 $29kPa$，填土材料重度为 $17.3kN/m^3$，地形底面宽为 $2m$，地形坡脚为 $0°$ 的条件下，模拟方案如下。

（1）模拟编号 SX1：涵洞高 $33cm$，宽 $30cm$，盖板涵结构形式。

（2）模拟编号 SX2：涵洞高 $23cm$，宽 $30cm$，盖板涵结构形式。

（3）模拟编号 SX3：涵洞高 $43cm$，宽 $30cm$，盖板涵结构形式。

4.4　垂直土压力模拟计算结果与分析

4.4.1　考虑边界地形条件影响的数值模拟结果

根据 4.3.1 节的 4 个模拟方案，考虑地形条件对土压力的影响，改变边界条件，即改变两侧边界的坡脚、地形底面宽，得到地形条件对涵洞顶部典型平面内－0cm 和－25cm 处的垂直土压力变化的影响。具体数值见表 4.2，土压力、土压力系数与填土高度的变化曲线见图 4.4、图 4.5。

表 4.2　考虑边界地形条件影响的垂直土压力数值模拟结果

填土高度/cm	模拟试验编号								γH/kPa
	SB1/kPa		SB2/kPa		SB3/kPa		SB4/kPa		
	－0cm	－25cm	－0cm	－25cm	－0cm	－25cm	－0cm	－25cm	
10	2.864	2.240	3.050	0.096	2.996	2.307	2.968	2.288	1.730
25	7.496	5.468	7.588	2.403	7.583	5.280	7.494	5.415	4.325
45	13.308	9.314	13.106	5.376	13.607	8.767	13.201	9.239	7.785
70	19.532	13.352	19.215	8.862	20.904	12.604	19.825	13.653	12.110
100	23.208	15.727	23.053	12.700	25.733	15.017	24.119	16.513	17.300
120	26.982	18.173	26.889	15.113	30.562	17.427	28.412	19.373	20.760
140	30.964	20.782	30.725	17.523	35.390	19.838	32.704	22.232	24.220
160	35.019	23.445	34.561	19.934	40.218	22.249	36.996	25.091	27.680
180	39.155	26.172	38.396	22.345	45.045	24.659	41.288	27.950	31.140
200	43.279	28.887	42.232	24.755	49.873	27.070	45.580	30.809	34.600

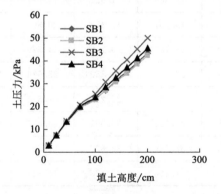

图 4.4　土压力与填土高度关系曲线

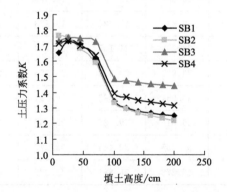

图 4.5　土压力系数与填土高度关系曲线

考虑坡脚和涵洞地形底面宽度对垂直土压力的影响，通过表 4.2 和图 4.4、图 4.5，可以得到如下结论。

（1）分别对比 SB1、SB2 和 SB3，随着地形坡脚角度的逐渐增大（注：坡脚角度为边界线与竖直面的夹角），土压力呈现递增趋势；角度越大，土压力数值越大。坡脚角度由 0°增加到 30°，土压力数值接近；由 30°增加到 45°，由 SB2、SB3 可知，垂直土压力相对增加 18%，但这个规律也受到沟谷底面宽度的影响。

（2）在相同坡脚情况下，对比 SB3、SB4，涵洞地形底面宽度越小，土压力越小。对比 SB1 和 SB4，说明地形底面过宽时，也会削弱边坡对土压力的影响，土压力受到坡脚角度和涵洞底面所在平面宽度的共同作用。

（3）由图 4.4、图 4.5 分析表明，地形条件对土压力的影响是个综合因素，在实际设计中需要全面考虑。

（4）整个填土高度范围内，涵洞顶部的土压力是大于其上填土自重的，土压力系数大于1，这点与模型试验结果略有出入，数值模拟的数值较模型试验结果偏大，模拟参数的选择和设置一定程度影响计算结果。但从图4.5中可以看到，土压力增长的趋势是递减的，土压力系数平均减小了23.8%。这主要是由于填土后期沉降差异的减小和填土中应力重分布产生的"土拱效应"的影响，其基本与模型试验结果的发展趋势相似。

4.4.2 考虑填土性质影响的数值模拟结果

根据4.3.2节的8个模拟方案，考虑填土性质对土压力的影响，填土性质包括填土高度、填土的内摩擦角、黏聚力和填土的重度。改变填土性质参数的数值，得出其对高填土涵洞垂直土压力的影响程度，涵洞顶部典型平面内−0cm处垂直土压力变化具体数值见表4.3所示，土压力、土压力系数与填土高度的变化曲线见图4.6～图4.9。

表 4.3 考虑填土特性影响的数值模拟结果

填土高度/cm	模拟试验编号							
	SB1 /kPa	ST3 /kPa	ST4 /kPa	ST5 /kPa	ST6 /kPa	ST7 /kPa	ST8 /kPa	γH /kPa
10	2.864	2.864	2.864	2.864	2.864	2.566	3.063	1.730
25	7.496	7.496	7.496	7.496	7.496	6.716	8.016	4.325
45	13.308	13.333	13.306	13.312	13.305	11.921	14.227	7.785
70	19.532	18.721	19.523	19.545	19.507	17.478	20.860	12.110
100	23.208	21.105	23.193	23.230	23.169	20.759	24.776	17.300
120	26.982	23.373	26.953	27.035	26.816	20.759	28.676	20.760
140	30.964	26.295	30.991	30.976	30.463	27.294	32.575	24.220
160	35.019	29.332	35.152	34.998	34.109	30.561	36.475	27.680
180	39.155	32.444	39.377	39.013	37.769	33.828	40.399	31.140
200	43.279	35.881	43.625	43.048	41.456	37.123	44.344	34.600

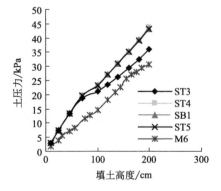

图 4.6 填土内摩擦角影响的土压力
与填土高度关系曲线

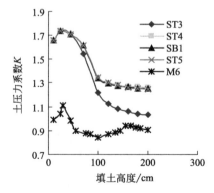

图 4.7 填土内摩擦角影响的土压力系数
与填土高度关系曲线

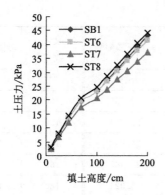

图 4.8　填土黏聚力、重度影响的
土压力与填土高度关系曲线

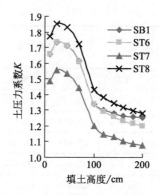

图 4.9　填土黏聚力、重度影响的
土压力系数与填土高度关系曲线

通过表 4.3 和图 4.6～图 4.9，设计考虑改变填土高度、填土内摩擦角、黏聚力和填土重度性质参数，可得出其与垂直土压力分布的关系，可以得到如下结论。

（1）涵洞的垂直土压力并不随着填土高度的增加呈线性变化，土压力增加的幅度逐渐减慢，土压力系数呈现递减变化，土中应力随填土高度增加重新分布。

（2）由图 4.6、图 4.7 对比 ST3、ST4、SB1、ST5，5°～25°之间填土内摩擦角对土压力的影响很大，土压力相对增大了 21.6%，25°～37°之间垂直土压力基本不变，平均变化不到 1.3%。对比 ST5、M6，数值模拟的数值大于模型试验结果，模拟参数的选择对计算结果有一定影响。

（3）由图 4.8、图 4.9 对比 SB1、ST6，黏聚力数值大小对土压力影响很小，土压力数值基本不变。

（4）由图 4.8、图 4.9 对比 ST7、SB1、ST8，得到填土重度与土压力的变化关系。在涵顶填土高度相同的情况下，填土材料重度增加，涵顶土压力的数值也随之增加，重度由 15.5kN/m³ 增加到 18.5kN/m³ 时，垂直土压力相对增加 19.4%，填土重度对土压力的影响不容忽视。

4.4.3　考虑地基土特性影响的数值模拟结果

根据 4.3.3 节的 5 个模拟方案，考虑地基土性质对土压力的影响，地基土性质包括地基土的内摩擦角和地基土深度、重度。改变地基土性质参数的数值，得出其与垂直土压力的关系。涵洞顶部—0cm 处垂直土压力随填土高度变化具体数值见表 4.4，土压力与填土高度的变化曲线见图 4.10、图 4.11。

表 4.4　考虑地基土特性影响的数值模拟结果

填土高度/cm	模拟试验编号				填土高度/cm	模拟试验编号	填土高度/cm	模拟试验编号
	SD1	SD2	SD3	SD5		SD4		SB1
15	2.545	2.828	2.771	2.855	15	2.863	10	2.864
30	5.520	6.133	6.010	6.193	30	6.242	25	7.496
45	8.529	9.476	9.287	9.562	50	10.812	45	13.308
60	11.438	12.708	12.454	9.562	70	15.105	70	19.532

填土高度/cm	模拟试验编号				填土高度/cm	模拟试验编号	填土高度/cm	模拟试验编号
	SD1	SD2	SD3	SD5		SD4		SB1
70	13.299	14.776	14.481	14.871	90	18.956	100	23.208
90	17.275	19.194	18.811	19.002	110	22.793	120	26.982
110	21.250	23.611	23.139	23.131	130	26.630	140	30.964
130	24.177	26.863	26.326	27.261	150	30.467	160	35.019
150	26.976	29.974	29.374	31.390	170	34.324	180	39.155
170	31.289	34.781	34.085	35.551	190	38.195	200	43.279

注：模拟填土加载级数统一到12级，但地基土层厚度不同，故涵洞上部填土高度不同。

通过表 4.4 和图 4.10、图 4.11，设计考虑地基土的内摩擦角、深度和重度对土压力的影响，可以得到如下结论。

（1）由表 4.4、图 4.10 对比 SD1、SD2 和 SD3，可以看到地基土的内摩擦角对涵洞顶部垂直土压力的影响规律与填土相同，但土压力增长幅度小于顶部填土，在 5°～25°时的土压力有 11.2% 的相对增长，而在 25°～30°时的土压力基本保持不变。

（2）从表 4.4 和图 4.11 中对比 SD2 和 SD4，可以看到地基土层的深度对土压力的影响很小，土层深度增加 0.2m，垂直土压力在深度 0.25m 对应的土压力基础上仅增加 1.3%。对比 SD2、M4，数值模拟的数值大于模型试验结果，模拟参数的选择对计算结果产生影响。

（3）对比 SD2 和 SD5，地基土层的重度越大，涵洞顶部的土压力越小，说明土的密实程度对涵顶土压力有一定影响，建议施工应严格按照压实度操作。

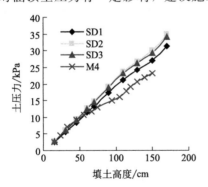

图 4.10　地基土内摩擦角影响的土压力与填土高度关系曲线图

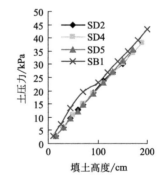

图 4.11　地基土深度、重度影响的土压力与填土高度关系曲线图

4.4.4　考虑涵洞形式影响的数值模拟结果

涵洞形式包括涵洞结构形式和涵洞断面尺寸，考虑涵洞尺寸对土压力的影响进而设计 4.3.4 节的 3 个模拟方案，结合 SB1 模拟方案，对比两种涵洞结构形式对土压力的影响，涵洞顶部—0cm 处垂直土压力随填土高度变化具体数值如表 4.5 所示，土压力、土压力系数与填土高度的变化曲线如图 4.12、图 4.13 所示。

表 4.5　考虑涵洞形式影响的数值模拟结果

填土高度 /cm	模拟试验编号		填土高度 /cm	模拟编号	填土高度 /cm	模拟编号
	SX1/kPa	SB1/kPa		SX2/kPa		SX3/kPa
10	2.281	2.864	20	3.192	20	3.338
25	6.094	7.496	40	6.929	40	7.330
45	10.937	13.308	65	11.562	60	11.310
70	16.098	19.532	100	17.105	80	15.010
100	19.125	23.208	120	19.863	100	18.311
120	22.140	26.982	140	22.609	120	21.600
140	25.155	30.964	160	25.355	140	24.888
160	28.169	35.019	180	28.100	160	28.175
180	31.203	39.155	200	30.867	180	31.481
200	34.254	43.279	220	33.647	200	34.808

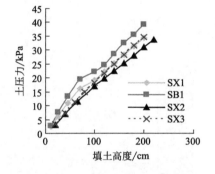

图 4.12　土压力-填土高度关系曲线　　　　图 4.13　土压力系数-填土高度关系曲线

通过表 4.5 和图 4.12、图 4.13，设计考虑拱涵和盖板涵两种结构形式和涵洞尺寸，即涵洞整体高度变化对垂直土压力的影响，可以得到如下结论。

(1) 由表 4.5、图 4.12 对比 SX1、SB1，可知结构尺寸相同前提下，盖板涵和拱涵两种结构形式在高填土作用下在涵洞顶部都产生应力集中现象，土压力系数递减表明涵顶土压力呈非线性增长，应力集中随着填土高度的增加而减弱；盖板涵盖板可以产生向下的少许变形，较拱涵的"土拱效应"好，盖板涵顶部的垂直土压力小于拱涵。

(2) 由表 4.5、图 4.13 对比 SX1、SX2 和 SX3，可知涵洞的整体高度对涵顶土压力也有一定影响，随着涵洞高度的增加，涵顶土压力也随之增大，但总体趋势是非线性增加。高度从 23cm 增加到 33cm，土压力相对增加 11%，但高度从 33cm 增加到 43cm，涵顶土压力变化很小。可见，涵洞突出地面的高度对涵顶土压力的作用有一定的范围，达到一定高度后对土压力影响很小。

4.5　涵洞结构及沉降变形分布云图

4.5.1　填土沉降分布

数值模拟中，涵洞周围填土位移场如图 4.14、图 4.15 所示，涵洞顶部土层沉降变形呈上凸形，两侧填土变形大于涵洞顶部。随着填土高度的增加，变形趋于稳定，沉降差异逐渐减小，数值模拟与模型试验的结果趋同。

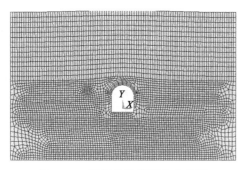
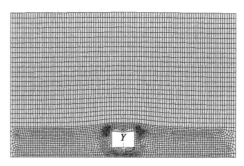

图 4.14　拱涵位移沉降分布云图　　　图 4.15　盖板涵位移沉降分布云图

4.5.2　涵洞结构应力分布

数值模拟得到拱涵和盖板涵涵洞结构应力场如图 4.16、图 4.17 所示。

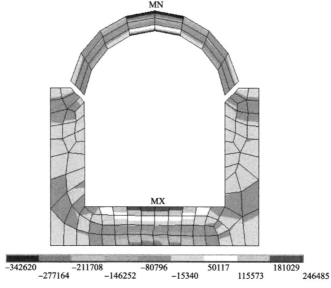

| −342620 | | −211708 | | −80796 | | 50117 | | 181029 | |
| −277164 | | −146252 | | −15340 | | 115573 | | 246485 |

图 4.16　拱涵涵洞结构应力场

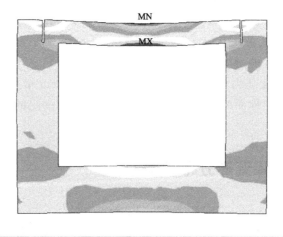

| −716130 | | −435727 | | −155325 | | 125077 | | 405479 | |
| −575928 | | −295526 | | −15124 | | 265278 | | 545680 |

图 4.17　盖板涵涵洞结构应力场

至此，可用三种方法得到涵洞结构应力分布，每种方法对应的高、低应力区的分布位置基本一致，如表 4.6 所示。涵洞拱顶底部、底板内侧中心点是应力集中的位置，侧墙顶部和拱腰处是低应力分布区。

表 4.6　涵洞结构应力分布

计算方法	拱涵		盖板涵	
	高应力区位置	低应力区位置	高应力区位置	低应力区位置
模型试验	Ⅰ、Ⅵ	Ⅳ	Ⅰ、Ⅵ	Ⅳ
力法	Ⅰ、Ⅵ	Ⅳ	Ⅰ、Ⅵ	Ⅳ
数值模拟	Ⅰ、Ⅵ	Ⅱ	Ⅰ、Ⅵ	Ⅳ

注：Ⅰ～Ⅵ的具体位置如图 3.2 涵洞模型测点布置图所示。

4.6　小结

本章主要基于有限元软件 ANSYS 完成高填土涵洞力学行为的数值模拟。考虑影响涵洞垂直土压力的四个主要因素，包括地形边界条件、填土特性、地基土特性和涵洞结构形式。设计 20 组模拟试验，分析得出的主要结论有。

（1）整个填土高度范围内，垂直土压力并不随着填土高度的增加呈线性变化。土压力系数由大于 1 逐渐递减，但递减的速度减慢。土压力的分布与模型试验结果相同。

（2）地形坡脚角度的增大可以减小高填土涵洞受力，但同时也应考虑涵洞地形底面宽度的影响。

（3）填土的土性参数（内摩擦角、黏聚力、重度）影响涵洞垂直土压力分布。内摩擦角 5°～25°，土压力迅速增大；黏聚力对土压力影响很小；填土高度相同的情况下，涵顶土压力的数值与填土材料重度增加成正比，但土压力增加的幅度逐渐减小。

（4）地基土的土性参数（内摩擦角、深度和重度）也与涵洞垂直土压力有关系。内摩擦角 5°～25°，土压力有较大增加；地基土层的深度对土压力的影响很小；地基土层的重度变化反映出土的压实度对涵洞垂直土压力的影响，数值模拟的结果与理论相符合。

（5）在相同填土高度、地形条件下，两种涵洞形式的顶部都产生应力集中现象；涵洞整体高度增加导致其垂直土压力的增大，达到一定高度后对土压力影响减小。

（6）每组数值模拟得到涵洞结构的应力分布和周围填土的沉降变形分布。三种方法得出涵洞结构高、低应力区分布基本一致。周围填土位移分布呈现上凸形，与模型试验结果相同。数值模拟基本反映了高填土涵洞的受力情况。

第**5**章

高填土涵洞现场试验研究

5.1 概述

结合鹤大高速公路恒仁新开岭（辽吉界）至丹东古城子段第 6 合同段 ZK48＋020.000 处拱涵和第 13 合同段 K118＋778.000 处盖板涵施工为依托工程，主要是对高填土涵洞在涵顶分层填土及碾压过程中，随着涵洞上部填土高度的增加，对涵洞上部的土压力进行观测，分析涵洞顶部垂直土压力的分布。在施工过程中，在涵洞顶部同一水平面不同研究部位预埋压力传感器，跟随施工的不同阶段进行观测。

5.2 现场监测方案

5.2.1 监测起止时间

涵洞侧面填土与涵顶上部填土同水平，且涵顶上部填土高度达到 0.5m，进入现场埋设压力传感器，采集初始数据。跟进施工进度，涵洞填土高度达到设计标高时（六标段设计标高为 12.08m，十三标段设计标高为 12.14m），终止填土阶段的监测。

5.2.2 监测内容

测试不同填土高度涵洞顶面土压力，分析垂直土压力与填土高度的相关性，验证模型试验和数值模拟结果。

5.2.3 监测仪器及测试方法

针对现场标段测试需求，填土介质内土压力采用 GYH－1 型钢弦式双膜土压力计及相配套的频率计采集。技术指标：规格 0.3MPa，分辨率≤0.6kPa，尺寸 ϕ110mm×32mm，综合误差小于 3kPa。

填土压实至预埋设标高，水准尺检测水平后，在测试位置埋设土压力计。在其周围放置厚 0.5cm 的细砂（粒径不大于 0.5mm）。在压力盒附近预留足够长的引线后，逐层填筑现场实际填料至测量标高。填料自重加载静止稳定后，完成埋设土压力计的数据采集。

5.2.4　监测断面、测试仪器的布设

（1）监测断面的选取。第六标段涵洞结构形式为拱涵，确定一个监测断面。从标高235.3m 处的涵洞端部开始，计数到第 14 涵段（每涵段 2m），该涵段的中心面（绝对标高246.42m）即确定为拱涵的监测断面。

第十三标段涵洞结构形式为盖板涵，确定一个监测断面。从标高 279.158m 处的涵洞端部开始，计数到第 11 涵段（每涵段 2m），该涵段的中心面（绝对标高 267.94m）即确定为盖板涵的监测断面。

（2）土压力计的布设位置。依据现场的施工概况，第六标段的钢筋混凝土拱涵涵洞顶部埋设仪器的土压力计确定为 4 个，具体的土压力计布置如图 5.1 所示。第十三标段的钢筋混凝土盖板涵涵洞顶部埋设仪器的土压力计确定为 5 个，具体的土压力计布置如图 5.2 所示。现场土压力计埋设如图 5.3 所示，现场涵洞布设如图 5.4、图 5.5 所示。

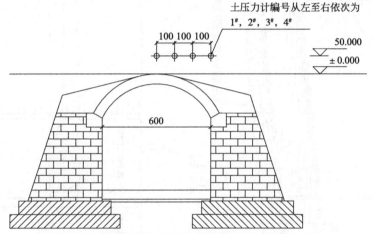

图 5.1　第六标段土压力计布设结构图（单位：cm）

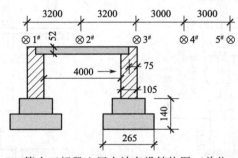

图 5.2　第十三标段土压力计布设结构图（单位：mm）

图 5.3　现场土压力计的埋设图（图中方框显示其中一个土压力计）

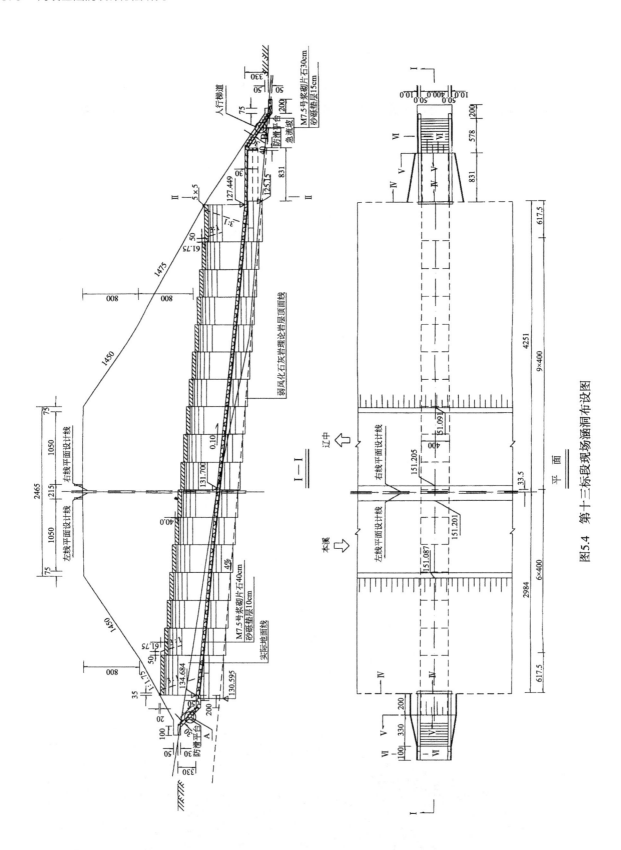

图5.4 第十三标段现场涵洞布设图

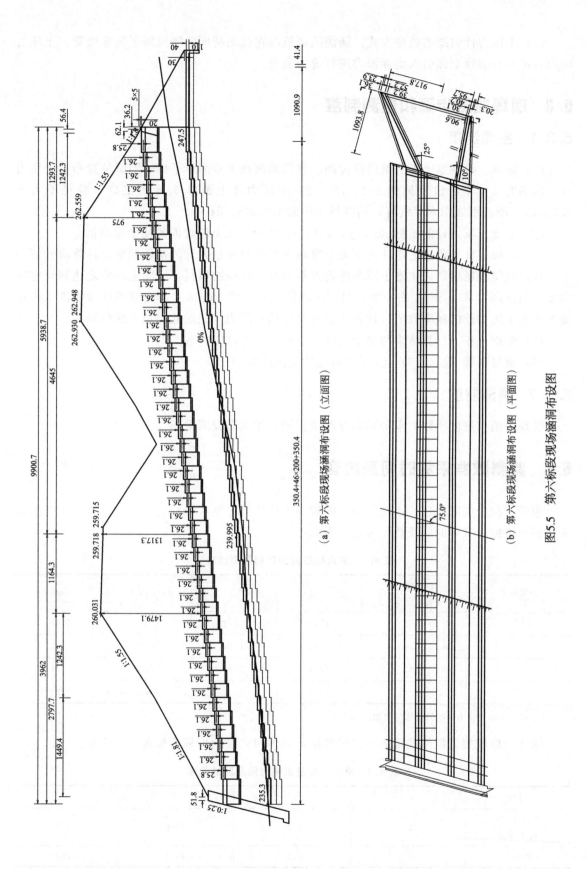

(a) 第六标段现场涵洞布设图（立面图）

(b) 第六标段现场涵洞布设图（平面图）

图5.5 第六标段现场涵洞布设图

（3）土压力计引线的处理方式。涵洞拱浇筑前在监测断面的涵段间预埋穿线管，土压力埋设后将所有引线全部引入到涵洞内进行统一测量。

5.3 现场监测步骤和量测制度

5.3.1 监测步骤

（1）涵顶、涵侧填土压实至埋设标高，埋设断面填土检测水平后，测试位置布设土压力计，现场的具体埋设位置见图5.1、图5.2。土压力计上覆厚5cm的细砂（粒径不大于0.5mm）。所有引线引入穿线管，同时填土中的引线做好保护。

（2）测定土压力计的坐标 (x, y, z_0)，z_0 即为土压力埋设面的初始标高值。

（3）用频率计接收该工作环境下无上覆填土时所有土压力计的初始频率，计算应变值。

（4）填筑现场填料，注意土压力计附近不要有大粒径的填料，压实土体使之达到规定密实度。填筑高度增加2m左右，填料自重加载静止后，待15min之后，频率计接收该工作环境下所有土压力计的频率数值，计算应变及对应的土压力。记录此层填土的标高 z_i。

（5）整理土压力计算结果与填土高度（$z_i - z_0$）的对应关系。

（6）重复步骤（4）、（5），直至达到设计填筑高度。

5.3.2 量测制度

受现场施工进度所限，本书采用分阶段量测，相应布设图见图5.4和图5.5。

5.4 监测数据采集时间及内容

由于工程跨度时间较长，项目组跟随现场工程施工进度较难控制，第六标段施工期间共采集四组数据，具体时间及数据采集见表5.1。

表5.1 第六标段监测时间及测试应变

编号	2009-11-01 （初始应变）	2009-11-02	2009-11-20	2009-11-22	2010-05-02
1#	1241	1510	1594	1638	1747
2#	1064	1424	1566	1633	1822
3#	1187	1611	2088	2220	2554
4#	1170	1411	1621	1642	1720

注：表5.1中土压力计编号具体位置如图5.1所示。

第十三标段施工期间共采集十二组数据，具体时间及数据采集如表5.2所示。

表5.2 第十三标段监测时间及测试应变

时间	1#	2#	4#	5#
2010-10-10 （初始应变）	1256	1117	1195	1124
2010-11-7	1474	1184	1321	1299

续表

时间	1#	2#	4#	5#
2010-11-10	1531	1237	1407	1364
2010-11-16	1623	1312	1476	1413
2010-11-18	1668	1348	1501	1451
2010-11-24	1699	1384	1532	1482
2010-12-1	1751	1431	1544	1505
2010-12-9	1794	1483	1573	1530
2011-5-2	1894	1537	1622	1619
2011-5-30	1964	1596	1709	1701
2011-6-7	1952	1714	1727	1723
2011-6-12	1944	1758	1734	1730

注：1. 表 5.2 中土压力计编号具体位置如图 5.2 所示。

   2. 3# 土压力计数据采集失效。

5.5 现场监测结果

5.5.1 第六标段监测结果

第六标段的现场采集的数据计算处理结果如图 5.6 所示。偏离涵顶中心点的 2#、3# 土压力计测试数据较大，大于土柱法计算的理论值；涵顶中心点 1# 和涵洞拱顶边缘处 4# 数据偏小，小于理论值。

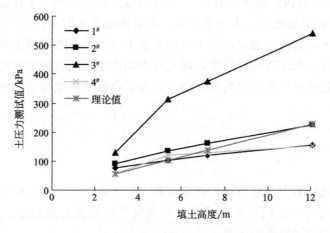

图 5.6 土压力测试值与填土高度关系图

5.5.2 第十三标段监测结果

根据现场施工条件，实测第十三标段的现场填土高度分别为 1.6m、2.2m、2.9m、3.6m、4.0m、4.5m、5.3m、5.9m、9.1m、9.9m 和 10.1m 时，各测点垂直土压力随填土高度变化的关系曲线如图 5.7、图 5.8 所示。

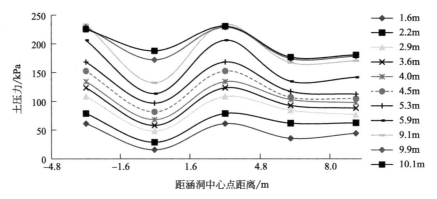

图 5.7 现场土压力测试值

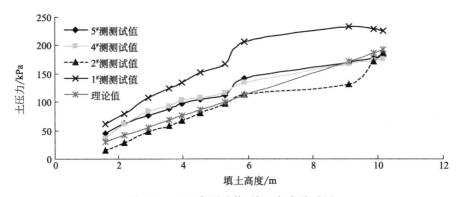

图 5.8 土压力测试值-填土高度关系图

由图 5.7、图 5.8 可知，涵顶中心点 2# 土压力数据较小，小于土柱法计算的理论值；涵台侧面 1# 土压力测试数据较大，大于理论值；涵洞侧面填土中 4#、5# 土压力测试数据略大于理论值。随着填土高度的增加，涵洞上部的垂直土压力并不随着填土高度的增加呈线性变化，涵顶中心点土压力低于理论应力值，用土压力随填土高度线性增加的"土柱法"来计算高填土涵洞土压力进而进行涵洞结构设计的方法是不合理的，这与室内模型试验的结论基本一致。

5.6 小结

（1）本章通过选取鹤大高速公路恒仁新开岭（辽吉界）至丹东古城子段的现场两个标段的两种涵洞结构形式进行了现场试验研究。并完成现场监测方案制定、监测断面位置的选取、监测仪器埋设和监测数据的采集。

（2）通过本章现场实测汇总的土压力-填土高度关系曲线可以得出，随填土高度增加，垂直土压力数值及其增长速度都呈现明显的非线性增长。涵洞中心点处土压力测试值小于"土柱法"计算的理论值，与模型试验、数值模拟计算结果基本一致。

（3）涵洞顶面涵台附近的土压力存在应力集中的现象，测试值大于"土柱法"计算的理论值。随着填土高度的增加，填土中应力重新分布，这与模型试验现象相一致。

第 **6** 章
垂直土压力计算方法研究

6.1　概述

涵洞指埋设在土中、用于不同用途的圆柱壳形状结构物，被广泛应用于铁路、公路、市政等部门。在 20 世纪初，美国学者马斯顿（Marston）把填埋式管道[90]划分为上埋式和沟埋式两种类型，提出著名的马斯顿土压力理论。其中上埋式是指在开阔平坦的地面上填土埋管的情况，凡是先在地面构筑管道或洞室，然后填筑土石者，或以堆积、填埋方式修建的长宽比大于 3～5 的隐蔽通道、洞室等，统称为上埋式管道[13]。沟埋式是指在地面上开挖的直壁窄槽中填土埋管的情况。

在土力学领域，土拱是土体表现出来的特有的空间效应，用来描述应力转移的一种现象。土拱作用是很普遍的现象，这种应力转移现象是通过土体抗剪强度的发挥而进行的。在土体中形成的土拱，由于影响因素多，难以用精确的数学方法或公式来描述。工程界普遍接受涵洞顶部形成土拱效应，但没有得到具体数值，土拱的存在导致土中应力的重新分布，对涵洞的受力有利，但如何精确计算是亟待解决的问题。本书将在某些假定的基础上进行比较合理的估算。

国内外现有涵洞垂直土压力计算方法归纳起来有以下几类：（1）从极限平衡条件出发的计算方法；（2）从变形条件出发，以弹性理论解为基础的计算方法；（3）土压力系数法（压力集中系数法）；（4）土柱压力法（假定土压力与填土高度成比例的计算方法）；（5）假定涵洞填土中存在"卸荷拱"的计算方法（简称卸荷拱理论）；（6）考虑管-土相互作用的计算方法；（7）有限元数值分析方法。

6.2　土压力计算方法

填埋式管道土压力计算受到很多因素的影响，美国学者马斯顿在 20 世纪初把填埋式管道划分为上埋式和沟埋式两种类型。埋设方式的不同，导致土压力计算方法也不尽相同。资料表明，通常采用的计算方法，计算结果偏低。这种状况，在一些填土高度不大，结构外部跨度也不大的情况下，常被结构本身安全度所掩盖，管道竖向土压力的实际值与理论值的矛盾，未曾引起应有的重视。但是近年来，随着高填土下结构工程的不断增多，该问题显得尤为突出。涵洞结构顶部垂直土压力数值的大小是结构物力学性能分析中的一个十分重要的问题，它在一定程度上控制着涵洞结构的设计尺寸。尤其在高填土情况下，垂直土压力更是决定结构断面尺寸的主要因素。因此，准确的列出反映其作用力的规律性公式，合理的计算垂直土压力是至关重要的，这对今后本方面的工程设计与施工有着重要的现实意义。

6.2.1 上埋式涵洞的土压力计算方法

由于涵洞结构的弹性模量较其两侧填土大，因而其上填土竖向沉降量小于两侧填土的沉降量，致使两侧填土下沉过程中由于摩擦力的存在而给涵洞施加了额外的附加压力，造成结构物所受的竖向荷载将大于其上的填土自重（土柱荷载）。这是上埋式刚性结构物的一个特点。

现有的众多土压力理论或方法，较能符合实际情况且工程应用较多的主要有以下几种：马斯顿土压力理论、曾国熙理论（马斯顿土压力理论的修正公式）、顾安全计算公式等。

（1）马斯顿土压力理论[91]。马斯顿土压力理论从三个假定出发：剪切面假定（在土体沉陷过程中，内外土柱通过其截面即剪切面作相对运动，并产生剪力）、极限平衡状态假定（内、外土柱间的相对运动，用极限状态表示）和按抛物线假定考虑管顶垂直土压力分布规律。该理论利用散体极限平衡条件，假定管上土体与周围土体发生相对位移的滑动面为竖直面，把管道当作刚体结构，则管顶上填土沉降量小于两侧土体的沉降量。由于滑裂面两侧土体的摩擦作用使滑裂面两侧填土产生一个向下的摩擦力作用于管顶的土柱体上，从而使埋管上的竖向土压力大于其上的土柱重力。由土柱体受力的平衡方程即可求出作用于管道上的竖向土压力：

$$\sigma_z = \frac{\gamma D}{2Kf}(e^{2Kf\frac{H}{D}} - 1) \qquad H \leqslant H_e \qquad (6.1)$$

$$\sigma_z = \frac{\gamma D}{2Kf}(e^{2Kf\frac{H_e}{D}} - 1) + \gamma(H - H_e)e^{2Kf\frac{H_e}{D}} \qquad H > H_e \qquad (6.2)$$

式中，γ 为上部填土的重度；f 等于 $\tan\varphi$，φ 为填土的内摩擦角；K 为土压力系数，该式取为主动土压力系数：$K = \tan^2\left(45° - \frac{\varphi}{2}\right)$；$D$ 为埋管的直径；H 为上部填土的高度。

上式可改写为：$\sigma_z = K_s \gamma H$，K_s 为上埋式涵管垂直土压力集中系数，其表达式为：

$$K_s = \frac{1}{2Kf} \times \frac{D}{H}(e^{2Kf\frac{H}{D}} - 1) \qquad H \leqslant H_e \qquad (6.3)$$

$$K_s = \frac{1}{2Kf} \times \frac{D}{H}(e^{2Kf\frac{H_e}{D}} - 1) + \frac{H - H_e}{H}e^{2Kf\frac{H_e}{D}} \qquad H > H_e \qquad (6.4)$$

（2）曾国熙理论[17]。曾国熙理论计算公式对上述的修正公式是根据朗肯土压力理论，考虑了土的黏聚力 c 使之更加符合实际，得出的修正公式为：

$$\sigma_z = \gamma H + \frac{f\gamma KH^2}{D} + 2c(1 - 2\sqrt{K}f)\frac{H}{D} \qquad H \leqslant H_e \qquad (6.5)$$

$$\sigma_z = \gamma H + fK\gamma(2H - H_e)\frac{H_e}{D} + 2c(1 - 2\sqrt{K}f)\frac{H_e}{D} \qquad H > H_e \qquad (6.6)$$

实践表明，以上两公式的计算结果均偏大，应用以上公式计算，在高填土情况下，土压力系数可达到 1.7～1.8。造成这种情况的原因是公式推导中假设管顶填土与两侧填土之间存在滑动面，而实际中，在填土足够密实的情况下，管顶填土与两侧填土之间并不存在一个明显的滑动面，土体变形的不均匀性主要发生在管道顶部及其两侧局部范围内，然后逐步向宽度和高度方向扩散。因此，在高填土情况下采用该公式可能使工程造价增高。

（3）顾安全计算公式[13]。顾安全计算公式是从变形条件出发，以弹性理论解为基础，假定管顶填土中的应力分布与半无限均质变形体内的应力分布相当，计算沉降差 δ，并进而由 δ 来计算附加土压力 $\Delta\sigma_v$。根据弹性理论推得管顶平面中心点之沉降差

$$\delta = \frac{\Delta\sigma_v D(1-\mu^2)\omega_c}{E} \tag{6.7}$$

从上式中导出附加土压力，然后再加上土柱压力，即得管顶垂直土压力的计算公式：

$$\sigma_v = \gamma H + \frac{\gamma h E\left(H+\frac{1}{2}h\right)}{\omega_c D(1-\mu^2)E_h}\eta \tag{6.8}$$

以上各计算公式的区别在于马斯顿理论计算公式所得的土压力系数 K 值随所填土高度的增加而增大；曾国熙公式的 K 值随填土高度增至一定值后变化基本不大；而顾安全公式的 K 值却随填土高度的增加而逐渐减小。

（4）其他方法[92,93]。

1）美国国家标准是基于马斯顿理论，按经验确定有关系数后得到了竖向土压力系数 K_z：

$$K_z = 1.961\frac{H}{D} - 0.934 \tag{6.9}$$

2）Frustum 法：假定作用与管道上的土压力等于一个底部宽为 D，顶部宽为 $D=2Hc\tan\left(45°+\frac{\varphi}{2}\right)$ 的土锥体的重量，从而得出土压力系数为：

$$K_z = \frac{H}{D}\left[\frac{H}{D}c\tan\left(45°+\frac{\varphi}{2}\right)+1\right] \tag{6.10}$$

3）Ladanyi 与 Hoyaux 法：按无侧限散粒土基础得出上抬阻力公式，据此得到竖向土压力系数表达式：

$$K_z = \frac{H}{D}\left(1+\frac{H\sin2\varphi}{2D}\right) \tag{6.11}$$

4）Meyerhof 与 Adams 法：考虑埋深的影响，分别给出它们的竖向土压力系数。

当埋深较浅时，有

$$K_z = \frac{H}{D}\left(\frac{H}{D}K'\tan\varphi+1\right) \tag{6.12}$$

当埋深较大时，有

$$K_z = \frac{H_e}{D}\left[\left(2\frac{H}{D}-\frac{H_e}{D}\right)K'\tan\varphi+1\right] \tag{6.13}$$

式中，K' 为法向上抬地压系数，一般取 $K'=0.95$。

5）我国《给水排水工程管道结构设计规范》（GB 50332—2002）方法，它是利用马斯顿理论，结合经验系数得到竖向土压力系数：

$$K_z = 1.4\frac{H}{D} \tag{6.14}$$

6）模型试验公式：Elmer L. Matya 和 John. B. Davis 通过上埋管受力模型试验得到其竖向土压力系数为

$$K_z = 1.7\left(\frac{H}{D}\right)^{0.44} \tag{6.15}$$

6.2.2 沟埋式涵洞的土压力计算方法

关于沟埋式结构垂直土压力的研究，考虑地形条件产生的减荷效应最早源于谷仓压力理论，马斯顿根据散体的极限平衡理论，导出沟埋式管道垂直土压力的计算公式。

目前，沟埋式结构物土压力计算方法主要有以下两种。

（1）马斯顿理论。该方法是马斯顿于1913年利用散体极限平衡理论提出来的，其计算模型如图1.2所示。设沟槽宽度为 B_d，填土表面作用有均布荷载 q，填土在自重和外荷载作用下向下沉陷，在两侧槽壁处产生向上的剪应力。它等于土的抗剪强度。现考虑填土面以下深度 z 处 dz 厚度土层的受力情况，根据竖向力平衡条件及边界条件解得：

$$\sigma_z = \frac{B_d\gamma - 2c}{2K\tan\varphi}\left(1 - e^{\frac{-2H}{B_d K\tan\varphi}}\right) + qe^{\frac{-2H}{B_d K\tan\varphi}} \tag{6.16}$$

按式（6.16）得到作用与管道上的竖向土压力系数为：

$$K_z = \frac{B_d - 2c/\gamma}{2KH\tan\varphi}\left(1 - e^{\frac{-2H}{B_d K\tan\varphi}}\right) + \frac{q}{\gamma H}e^{\frac{-2H}{B_d K\tan\varphi}} \tag{6.17}$$

该公式没有合理地反映出管道与两侧回填土之间的沉降差对土压力的影响，也没有考虑沟槽形状的变化对土压力影响的问题，因此仅适用于在地面上开挖直壁窄槽填土埋管的情况。

（2）折学森等人的计算方法[29]。该方法考虑到实际工程中常遇到介于沟埋式和上埋式之间的埋管情况，即在天然沟谷或地面上开挖的宽沟槽中填土埋管的情况。提出在现有土压力计算方法的基础上，还要考虑沟坡对埋管（涵）土压力的影响。并根据变形条件，以弹性理论为基础，求得作用在沟谷地形中埋管（涵）上垂直土压力系数的计算公式为：

$$K_z = K_a + K_a \frac{hE\left(1 + \frac{h}{2H}\right)(B_0 - D)}{(B_0 - D)(1 - \mu^2)D\omega_c E_h + DE_h h} \tag{6.18}$$

式中，h 和 B_0 分别为管道突出地基的高度和管顶平面处的沟宽；K_a 为沟坡影响系数。

结合本书参考模型试验和数值模拟结果，涵洞顶部的土压力随填土高度呈非线性增长，这是"土拱效应"和沉降差产生的附加应力综合影响作用的结果，在推导出具体公式之前，将重点阐述两种理论方法。

6.3 沉降差产生的附加应力理论

涵洞顶部在填土初期产生土压力集中现象可解释为：涵洞结构和两侧填土的弹性模量相差很大，由此导致在填土增加的过程中，涵洞顶部土层的变形呈现上凸形，即涵洞两侧的沉降变形值大于涵洞顶部土层，沉降差异导致土中应力重分布，在涵洞顶部产生了一定的附加应力。随着填土高度的增加，土体的沉降固结完成，这种沉降差异引起的附加应力值逐渐减小。

6.4 卸荷拱理论

6.4.1 新填土中的土拱与土拱效应

确定作用在地下建筑物上的荷载是与散粒体力学有密切关系的。B. 利特杰尔[25]首次应用承受上面土体压力的土层产生卸荷拱的假设来确定地下建筑物上的荷载。国内学者肖勤学[34]把普罗托基亚可诺夫的隧道式管道土压力理论引用到上埋式管道土压力的计算中，出现了的自然平衡拱理论。该理论假定管顶填土达到某一高度 H_0 时，将在其中形成自然平衡拱，当管顶实际填土高度 $H<H_0$ 时，垂直土压力仍按土柱压力考虑；当 $H>H_0$，则自然平衡拱以上的填土重度将通过拱作用向两侧传递，而不再传到管顶。此时，垂直土压力 σ_v 仅取决于自然平衡拱以内的土柱压力，即对于管顶来说 $\sigma_v=\gamma H_0$（即 σ_v 为一常数），它不再受 H 变化的影响。自然平衡拱理论曾在 1951 年我国相关的铁路桥涵规范中被用于计算上埋式管道垂直土压力[16]，后实际中逐渐被舍弃。

部分土体移动时，必然受到静止土体的阻抗力，这种阻抗力即是土体的抗剪强度。土体变形调整的结果，将使移动土体底部的压力减小，相邻的不动土体底部压力增加。土体中产生的这种压力传递作用，称为"土拱效应"。当这种土拱效应充分发挥作用时，移动土体底部某一平面上将受到不变的压力，这时"土拱"便形成了。

试验表明，为使涵洞顶部填土中形成土拱，需具备两个条件[13]：填土要有一定的高度；涵洞顶部范围内土体有向下移动的位移。新填土中形成的土拱与原状土或老填土中开挖隧洞或坑道形成的土拱存在一定差别，其主要特点是不稳定，所以称之为"土拱效应"。该效应使填土中的应力状态得到改善，但对随填土高度增加而增大的填土荷载不能全部承担，仍然会有部分土压力传递到涵洞顶部。

6.4.2　本研究中"土拱效应"的解释

本书对高填土涵洞模型试验和数值模拟数据分析表明，随着涵洞顶部填土高度的增加，确实出现了"土拱效应"。在填土高度较低时，涵洞上方未形成明显的拱效应，当填土高度达到一定高度后，在涵洞上方产生了"土拱效应"。主要表现为填土较低时，涵洞顶部的土压力数值接近或大于其上部的填土自重，但随着填土高度的增长，涵洞顶部的土压力数值逐渐减小，土压力系数关系曲线是递减曲线。与此同时，涵台外侧的土压力数值呈递增趋势。涵洞顶部形成"土拱效应"后，涵洞上部土层的应力产生重新分布，通过"土拱效应"传递到涵洞两侧的填土上，使其土压力增大。但模型试验和数值模拟数据显示，即使涵洞上方产生"土拱效应"后，涵顶顶部土压力数值仍然增加，但增加的速度缓慢，这说明随填土高度的增加，仍然会有土压力传递到涵洞顶部，这一点恰恰说明高填土涵洞填土中产生的"土拱效应"不同于隧道开挖时形成的"卸荷拱"。涵洞上方的填土材料是与岩石不同的散粒体，同时，填筑的过程与隧道开挖的过程也正好相反，填土本身的压密实也需要一个较长的时间，所有的这一切都决定高填土涵洞上方产生的土拱是不同于隧道上方土拱那样稳定，土拱的不稳定性就决定不能完全照搬卸荷拱理论公式。故本书将在已有数据的基础上，试图推导出最大限度与实际相符的高填土涵洞土压力公式。

6.5　垂直土压力计算公式

6.5.1　垂直土压力计算公式——土拱效应与附加应力共同作用公式

通过模型试验与参照前人的研究成果，分别建立两种地基处理方式下的垂直土压力计算公式。以刚性地基作为推导公式的基本条件，模型试验、数值模拟结果分析出垂直土压力的分布受到沉降差引起的附加应力和土拱效应共同影响。在填筑初期，涵洞两侧填土的压缩模量较刚性涵洞本身小很多，所以两侧填土的可压缩性比涵洞本身大，涵洞上部土颗粒的垂直位移小于涵洞两侧填土的位移，两者产生的沉降差在填土中产生应力重分布，涵侧填土对涵顶填土产生向下的附加应力，造成涵洞顶部的垂直土压力大于其上填土的自重。随着填土高度的增加，土颗粒之间压缩、密实，土颗粒之间可以产生互相锁紧的微观作用，土体进入新的平衡状态，在填土土层中产生一模糊界面，该模糊界面对两侧土体产生水平推力，该模糊界面不同于实际的卸荷拱，具有不稳定性，不能完全承担上部土体的自重，只产生类似拱作用的效应，即"土拱效应"，这在模型试验后期的数据分析中得以体现。所以，在填筑后期，随着填土的压密，涵洞顶部的沉降差产生的附加应力作用逐渐减弱，而土颗粒之间的"土拱效应"逐渐发挥作用，因而在土压力计算公式的推导中应综合考虑这两方面的作用。故土压力的计算公式中应该根据填土的高度增加，侧重体现某一作用。模型试验和数值模拟中，可观察到"土拱效应"存在，但其在填土达到一定高度后才会产生。参考本书模型试验结果和相关文献[13,43,44,78]，在填土高度达到 $16\sim18\mathrm{m}$（本书取 $h_0=18\mathrm{m}$）可认为产生土拱效应。根据填土高度，土压力计算公式分段建立如下。

6.5.2 填土高度 $H \leqslant h_0$ 的土压力计算

对于上埋式和沟埋式进行土压力计算，土体自重都是必须考虑的一个方面。但是随着涵洞埋设地形条件不同，涵洞顶部土压力不应该仅仅考虑上部的土体自重，还应考虑在均布荷载作用下的附加应力扩散问题[29]。当涵洞上部填土高度较低时，在涵洞顶部会出现垂直土压力集中现象，具体表现为土压力大于其上填土自重，这是由均布荷载作用下的附加应力扩散和沉降差引起的附加应力综合作用的结果，故在计算时应将两者的计算结果叠加。

6.5.2.1 均布荷载作用下的附加应力 σ_1

将涵洞上部土体近似看作半无限空间状态，涵洞顶部土体 M 点的应力只与该点的平面坐标有关，而与长度方向无关，故 M 点的受力可看作平面应变问题在均布荷载作用下土中应力计算问题。依据弹性理论，由极坐标表示的弗拉曼公式[94]可得出土中任一点的土应力表达式为：

$$\sigma = \frac{2p}{\pi} \int_{\beta_1}^{\beta_2} \cos^2\beta \mathrm{d}\beta \tag{6.19}$$

β 角符号规定：从竖直线 MN 到连线逆时针旋转为正，反之为负，则本书中 $\beta_1<0$，$\beta_2>0$，且 $\beta_1=-\beta_2$，如图6.1所示。

则拱顶 M 点的土应力为：

$$\sigma_1 = \int_0^H \int_{\beta_1}^{\beta_2} \frac{2\gamma}{\pi} \cos^2\beta \mathrm{d}\beta \mathrm{d}z \tag{6.20}$$

求解得：

$$\sigma_1 = \frac{\gamma H}{\pi}(2\beta_1 + \sin2\beta_1) \tag{6.21}$$

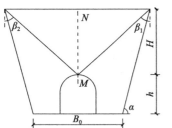

图 6.1 地形计算几何图

考虑涵洞埋设地形条件，坡角为 α，则由几何图 6.1 可得到：

$$\beta_1 = \frac{\pi}{2} - \arctan\frac{2H\tan\alpha}{B_0\tan\alpha + 2(h+H)} \tag{6.22}$$

式中，α 为涵洞两侧地形坡角，α 取值为 $\left[0, \dfrac{\pi}{2}\right]$，$\alpha$ 取值变化表示涵洞埋设地形条件的变化，涵洞埋设方式为上埋式到沟埋式的过渡；B_0 为地形底面宽度；h 为涵洞整体高度；H 为涵洞上部填土高度。

6.5.2.2　应力重分布引起的附加应力 σ_2

涵洞顶部平面沉降差 δ 引起的应力重分布产生附加应力 σ_2。假设土中附加应力与半无限变形体中相当，由弹性理论得附加应力与涵顶沉降差的关系为[95,96]

$$\delta = \frac{\sigma_2 D (1-\mu^2)\omega_c}{E} \tag{6.23}$$

式中，ω_c 为与涵洞的长跨比有关的系数，可参阅文献[13]查得。

（1）刚性地基处理方式。δ 是填土的压缩变形量，由土力学[29]中土层侧限压缩变形量与竖向应力增量的关系，得出沉降量公式为

$$\delta = \Delta_1 + \Delta_2 + \Delta_3 = \frac{\gamma H}{E}h + \frac{1}{2} \times \frac{\gamma h}{E_h}h - \frac{\sigma_2 D}{(B_0 - D)E_h}h \tag{6.24}$$

式中，B_0 为涵洞地形宽度；D 为涵洞跨度；Δ_1 为涵洞顶部高 H 土层自重引起的沉降变形量；Δ_2 为涵洞侧面高 h 土层自重引起的沉降变形量；Δ_3 为刚度差异产生附加应力引起的沉降变形量。

近似涵侧填土变形模量 E_h 和涵顶填土变形模量 E 相等，两式联立求解得到

$$\sigma_2 = \frac{\gamma h \left(H + \frac{1}{2}h\right)(B_0 - D)}{(B_0 - D)(1-\mu^2)D\omega_c + Dh} \tag{6.25}$$

综上可得，涵顶土压力计算为均布荷载作用下的附加应力与应力重分布引起的附加应力的叠加，具体表达式如式（6.26）所示。

$$\sigma_v = \sigma_1 + \sigma_2 \tag{6.26}$$

故刚性地基处理方式下垂直土压力为

$$\sigma_v = \frac{2\gamma H}{\pi} \times (2\beta_1 + \sin 2\beta_1) + \frac{\gamma h \left(H + \frac{1}{2}h\right)(B_0 - D)}{(B_0 - D)(1-\mu^2)D\omega_c + Dh} = K_v \gamma H \tag{6.27}$$

土压力系数为

$$K_v = \frac{2}{\pi} \times (2\beta_1 + \sin 2\beta_1) + \frac{h\left(1 + \frac{1}{2} \times \frac{h}{H}\right)(B_0 - D)}{(B_0 - D)(1-\mu^2)D\omega_c + Dh} \tag{6.28}$$

当 $\alpha \to 0$ 或 $B_0 \to \infty$ 时，土压力计算公式可简化，土压力系数为

$$K_v = 1 + \frac{h\left(1 + \frac{h}{2H}\right)}{(1-\mu^2)D\omega_c} \tag{6.29}$$

填土为无黏性土时，μ 可按经验值取为 0.20；填土为黏性土时，μ 可按经验值取为 0.25。ω_c 的取值工程上可简化为，涵洞的长跨比 $L/D \leqslant 8$，ω_c 取为 2.0；$8 < L/D \leqslant 12$，ω_c 取为 2.2；$12 < L/D \leqslant 16$，ω_c 取为 2.3。

（2）柔性地基处理方式。求解应力重分布引起的附加应力只需在式（6.24）中增加地基土层变形的影响，即

$$\begin{aligned}\delta &= \Delta_1 + \Delta_2 + \Delta_3 + \Delta_4 + \Delta_5 \\ &= \frac{\gamma H}{E}h + \frac{1}{2} \times \frac{\gamma h}{E_h}h - \frac{\sigma_2 D}{(B_0 - D)E_h}h + \frac{\gamma h_d}{E_d}h + \frac{1}{2} \times \frac{\gamma h_d}{E_d}h\end{aligned} \tag{6.30}$$

式中，Δ_1、Δ_2、Δ_3 的含义同式（6.24）；Δ_4 为涵洞地基 h_d 土层自重引起的压缩变形

量；Δ_5 为涵洞地基侧面 h_d 土层自重引起的压缩变形量。

填土层变形模量近似相等，联立式（6.23）、式（6.30）求解得到

$$\sigma_2 = \frac{\gamma h \left(H + \frac{1}{2}h + \frac{3}{2}h_d\right)(B_0 - D)}{(B_0 - D)(1 - \mu^2)D\omega_c + Dh} \tag{6.31}$$

故柔性地基处理方式下垂直土压力为

$$\sigma_v = \frac{2\gamma H}{\pi} \times (2\beta_1 + \sin 2\beta_1) + \frac{\gamma h \left(H + \frac{1}{2}h + \frac{3}{2}h_d\right)(B_0 - D)}{(B_0 - D)(1 - \mu^2)D\omega_c + Dh} = K_v \gamma H \tag{6.32}$$

土压力系数

$$K_v = \frac{2}{\pi} \times (2\beta_1 + \sin 2\beta_1) + \frac{h \left(H + \frac{1}{2} \times \frac{h}{H} + \frac{3}{2} \times \frac{h_d}{H}\right)(B_0 - D)}{(B_0 - D)(1 - \mu^2)D\omega_c + Dh} \tag{6.33}$$

当 $\alpha \to 0$ 或 $B_0 \to \infty$ 时，土压力系数简化为

$$K_v = 1 + \frac{h \left(1 + \frac{h}{2H} + \frac{3h_d}{2H}\right)}{(1 - \mu^2)D\omega_c} \tag{6.34}$$

填土为无黏性土时，μ 可按经验值取为 0.20；填土为黏性土时，μ 可按经验值取为 0.25。ω_c 的取值在工程上可简化为，涵洞的长跨比 $L/D \leqslant 8$，ω_c 取为 2.0；$8 < L/D \leqslant 12$，ω_c 取为 2.2；$12 < L/D \leqslant 16$，ω_c 取为 2.3。

6.5.3 填土高度 $H > h_0$ 的土压力计算

在填土达到一定高度后，根据模型试验和数值模拟分析显示，土压力的增长速度减慢，呈非线性增长，在涵洞上方会产生"土拱效应"。由于土体及土拱作用的复杂性，只能在某些假设基础上进行近似计算，针对前述的土拱原理[97,98]，作出如下假设。

（1）取单位土拱柱体进行分析，土拱柱体近似取为水平单元体。

（2）进行分析时，左右土体对单位土拱压密产生的"咬合"作用，通过单元体侧面的抗剪摩阻力体现。

（3）土体破坏符合库仑破坏准则，采取抗剪强度相等的等效内摩擦角 φ_D，如式（6.35）所示。

（4）单位土柱体侧壁抗剪摩阻力将传递拱效应的影响，摩阻力如式（6.36）表示。

$$\varphi_D = \arctan\left(\tan\varphi + \frac{c}{rH}\right) \tag{6.35}$$

$$dF = \sigma_H \tan\varphi_D \, dz \tag{6.36}$$

式中，φ 为土体内摩擦角；c 为土体黏聚力；φ_D 为等效内摩擦角。

单位土拱土体受力如图 6.2 所示。

受力平衡得：

$$\sigma_v D + \gamma D \, dz - (\sigma_v + d\sigma_v)D - 2K\sigma_v \tan\varphi_D \, dz = 0 \tag{6.37}$$

式中，K 为侧土压力系数，$K = \tan^2\left(\frac{\pi}{4} - \frac{\varphi}{2}\right)$；$D$ 为涵洞跨度。

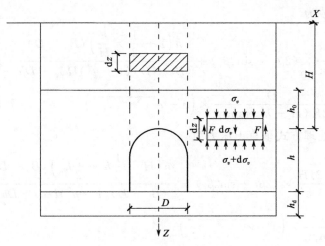

图 6.2　土拱单元受力分析

整理得：

$$d\sigma_v + \frac{2K\tan\varphi_D}{D}\sigma_v dz = \gamma dz \tag{6.38}$$

$$\frac{d\sigma_v}{dz} + \frac{2K\tan\varphi_D}{D}\sigma_v = \gamma \tag{6.39}$$

解一元非齐次线性方程组得

$$\sigma_v = ce^{\frac{-2K\tan\varphi_D z}{D}} + \frac{\gamma D}{2K\tan\varphi_D} \tag{6.40}$$

当 $z=0$ 时，$\sigma_v=0$，故

$$c = -\frac{\gamma D}{2K\tan\varphi_D} \tag{6.41}$$

所以，填土高度（$H>h_0$）垂直土压力公式为

$$\sigma_v = \frac{\gamma D}{2K\tan\varphi_D} \times \left(1 - e^{\frac{-2K\tan\varphi_D(H-h_0)}{D}}\right) \tag{6.42}$$

垂直土压力系数为

$$K_v = \frac{D}{2K(H-h_0)\tan\varphi_D} \times \left(1 - e^{\frac{-2K\tan\varphi_D(H-h_0)}{D}}\right) \tag{6.43}$$

填土高度（$H>h_0$）的垂直土压力公式不仅考虑了"土拱效应"，还重点体现了填土土性的影响，另外还考虑了内摩擦角、黏聚力（等效内摩擦角）的影响。

6.5.4　高填土涵洞土压力计算公式

综合 6.5.2 节和 6.5.3 节公式的推导，本节整理了土拱效应与附加应力共同作用的公式。

（1）刚性地基处理方式垂直土压力为

$$\begin{cases} \sigma_v = \dfrac{2\gamma H}{\pi} \times (2\beta_1 + \sin 2\beta_1) + \dfrac{\gamma h\left(h + \dfrac{1}{2}h\right)(B_0 - D)}{(B_0 - D)(1 - \mu^2)D\omega_c + Dh} & H \leqslant h_0 \\[4mm] \sigma_v = \dfrac{\gamma D}{2K\tan\varphi_D} \times \left(1 - e^{\frac{-2K\tan\varphi_D(H-h_0)}{D}}\right) & H > h_0 \end{cases} \tag{6.44}$$

垂直土压力系数为

$$
\begin{cases}
K_v = \dfrac{2}{\pi} \times (2\beta_1 + \sin 2\beta_1) + \dfrac{h\left(1 + \dfrac{1}{2} \times \dfrac{h}{H}\right)(B_0 - D)}{(B_0 - D)(1 - \mu^2)D\omega_c + Dh} & H \leqslant h_0 \\[4mm]
K_v = \dfrac{D}{2K(H - h_0)\tan\varphi_D} \times \left(1 - e^{\frac{-2K\tan\varphi_D(H - h_0)}{D}}\right) & H > h_0
\end{cases}
\tag{6.45}
$$

（2）柔性地基处理方式垂直土压力为

$$
\begin{cases}
\sigma_v = \sigma_v = \dfrac{2\gamma H}{\pi} \times (2\beta_1 + \sin 2\beta_1) + \dfrac{\gamma h\left(H + \dfrac{1}{2}h + \dfrac{3}{2}h_d\right)(B_0 - D)}{(B_0 - D)(1 - \mu^2)D\omega_c + Dh} & H \leqslant h_0 \\[4mm]
\sigma_v = \dfrac{\gamma D}{2K\tan\varphi_D} \times \left(1 - e^{\frac{-2K\tan\varphi_D(H - h_0)}{D}}\right) & H > h_0
\end{cases}
\tag{6.46}
$$

垂直土压力系数为

$$
\begin{cases}
K_v = \dfrac{2}{\pi} \times (2\beta_1 + \sin 2\beta_1) + \dfrac{h\left(H + \dfrac{1}{2} \times \dfrac{h}{H} + \dfrac{3}{2} \times \dfrac{h_d}{H}\right)(B_0 - D)}{(B_0 - D)(1 - \mu^2)D\omega_c + Dh} & H \leqslant h_0 \\[4mm]
K_v = \dfrac{D}{2K(H - h_0)\tan\varphi_D} \times \left(1 - e^{\frac{-2K\tan\varphi_D(H - h_0)}{D}}\right) & H > h_0
\end{cases}
\tag{6.47}
$$

6.6 高填土涵洞的垂直土压力公式对比

6.6.1 公式结果与模型试验数据对比

以模型试验工况 M5（刚性地基处理方式，填土材料为亚黏土）和模型试验工况 M1（柔性地基处理方式，填土材料为砂土）为例，将模型试验数据与本书的公式计算的结果汇于表 6.1 和图 6.3 中。

表 6.1　模型试验与本书公式结果对比

填土高度/cm	M1 试验工况	本书公式	填土高度/cm	M5 试验工况	本书公式
12	1.675	1.891	15	0.797	1.674
30	1.129	1.507	25	1.115	1.518
45	0.922	1.271	35	1.183	1.433
55	0.793	1.212	45	1.167	1.367
65	0.773	1.157	60	1.168	1.314
75	0.768	1.126	70	1.148	1.300
90	0.815	1.070	80	1.140	1.279
110	0.771	1.035	90	1.123	1.231
120	0.754	0.939	100	1.079	1.188
130	0.753	0.883	120	1.075	1.109
140	0.753	0.852	130	1.032	1.052
150	0.759	0.834	140	1.007	1.022

续表

填土高度/cm	M1 试验工况	本书公式	填土高度/cm	M5 试验工况	本书公式
160	0.774	0.815	155	0.995	0.995
170	0.792	0.810	165	0.984	0.953
180	0.789	0.805	175	0.971	0.934
190	0.805	0.803	185	0.979	0.918
200	0.804	0.800	200	0.959	0.896
210	0.809	0.796	210	0.956	0.876

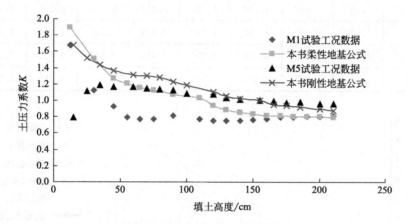

图 6.3　模型试验与本书公式结果对比图

由图中曲线看出，本章的共同作用计算公式随着填土高度的增加土压力系数呈递减趋势，填土初期（$H \leqslant h_0$）土压力系数大于 1，考虑了刚度差异引起的附加应力；在填土达到 h_0（$H > h_0$）高度后考虑土拱效应，土压力系数减小幅度增大，土压力系数小于 1。从整条曲线的分布来看，符合模型试验实测数据的发展规律；对比模型试验实测数据散点图，看出柔性地基条件下，两者的趋势走向一致；刚性地基由于填土材料是亚黏土，固结密实的时间长，所以模型试验初期土压力系数有差异，但后期与公式趋势一致呈递减。公式计算结果在后期与实测值接近，略小于实测结果。

6.6.2　各种土压力计算公式讨论

【算例】　某位于刚性地基上的高填方涵洞，结构形式为拱涵，填土高度 36 m，涵洞跨径 $D = 6$ m，涵洞整体高度为 $h = 6$ m，填土材料为碎石土，内摩擦角 $\varphi = 30°$，黏聚力 $c = 25$ kPa，$\gamma = 18.5$ kN/m³，$E = 1.2 \times 10^4$ MPa，$\mu = 0.3$。分别采用各种规范方法计算土压力系数，讨论各种公式的应用结果。

分别采用公路桥涵设计通用规范公式、铁路桥涵设计规范公式、给水排水工程管道结构设计公式、水工建筑物荷载设计规范公式、马斯顿公式、曾国熙公式、普氏卸荷拱公式、顾安全公式、Elmer L. Matya 的模型试验回归公式（见 6.2.1 节）和本书建立的共同作用公式共 10 种方法，相关数据见表 6.2。绘出随填土高度增加的土压力系数曲线，如图 6.4 所示。

表 6.2 模型试验与本书公式的土压力系数对比

填土高度/m	公路规范	铁路规范	普氏公式	Marston公式	曾国熙公式	顾安全公式	给排水公式	水工规范	回归公式	本书公式
4	1	1.185	1.000	1.140	1.303	1.755	0.933	1.157	1.422	1.035
8	1	1.322	1.000	1.306	1.431	1.581	1.867	1.227	1.929	1.000
12	1	1.415	0.934	1.504	1.559	1.518	2.800	1.250	2.306	0.954
16	1	1.465	0.700	1.711	1.647	1.483	3.733	1.259	2.617	0.896
20	1	1.476	0.560	1.843	1.691	1.460	4.667	1.258	2.887	0.883
24	1	1.450	0.467	1.932	1.720	1.443	5.600	1.250	3.129	0.784
28	1	1.392	0.400	1.995	1.740	1.429	6.533	1.244	3.348	0.700
32	1	1.315	0.350	2.042	1.756	1.418	7.467	1.235	3.551	0.628
36	1	1.239	0.311	2.079	1.768	1.408	8.400	1.220	3.740	0.566

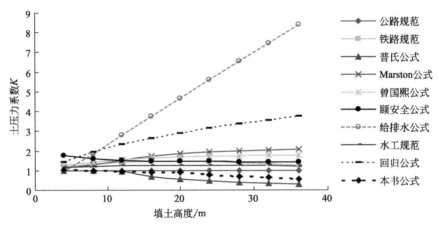

图 6.4 各种计算公式的土压力系数与填土高度关系曲线

从各种土压力计算公式得到的土压力系数关系曲线大致可以分为三种情况。第一种情况是随填土高度增加，土压力系数也呈增加的趋势，其中以我国的给水排水工程管道结构计算公式和 Elmer L. Matya 的模型试验回归公式为代表，土压力系数随填土高度的增大而迅速增大，这与实际情况有很大差异，其余的公式如马斯顿公式、曾国熙公式都是土压力系数大于 1，且呈逐渐递增的趋势，这些公式都没有考虑填土后期土中产生的应力重分布导致涵顶土压力系数减小的因素；第二种情况是随填土高度增加，土压力系数保持不变，如公路桥涵设计通用规范公式，涵顶土压力即为上部土柱自重，这种方法没有考虑高填土涵洞的土拱效应，与实测数据是有差距的；第三种情况是填土初期土压力系数大于 1，但随着填土高度的增加，土压力系数递增的速度减慢，当填土达到一定高度时，土压力系数达到最大，随后呈递减变化，铁路桥涵设计规范公式、水工建筑物荷载设计规范公式、顾安全公式和本书共同作用公式均属第三种情况，前三种土压力系数始终大于 1，而本书的公式在填土初期土压力系数大于 1，到填土达到一定高度后，土压力系数递减，填土最后系数小于 1，是由于本书方法综合考虑了填土初期沉降差引起的应力集中和填土后期土中产生拱效应两种作用。上述关系曲线得出的土压力系数最小的是普氏卸荷拱公式，普氏公式认为涵洞上方有一个稳定的土拱，结构只承担土拱下不稳定的土体重量，随着填土高度增加，土压力数值保持不变，由于填土中的拱效应的不稳定性，显然这种方法用于高填土涵洞垂直土压力的计算是不合理的，也是不安全的。

6.7　小结

　　本章主要介绍目前几种典型的土压力计算理论，并阐述了各种公式的适用范围，解释高填土涵洞中填土的土拱效应、土拱与卸荷拱的区别。基于模型试验实测数据和数值模拟分析的基础上，建立考虑附加应力和土拱效应共同作用的两种地基处理方式下的高填土涵洞垂直土压力计算公式，将公式计算数值与实测数据对比验证本章公式的正确性。同时通过一算例，将 10 种公式计算的土压力系数绘成关系曲线图，分析每种计算方法的土压力分布。

第7章
基于 AGA-BP 系统的高填土涵洞结构变形（应力）预测研究

7.1 概述

人工神经网络（Artificial Neural Network，ANN）是由大量的处理单元（神经元）互相连接而成的网络。它是对生物神经网络进行某种抽象、简化，并采用物理上可实现的器件或采用计算机来模拟生物体中神经网络的某些结构和功能。在无假设情况下，通过网络训练，学习试验数据，利用其非线性映射的泛化能力，自动抽取所学习数据的关键特征，实现对测试样本的预测[99]。

近年来，人工神经网络已成功地应用在岩土力学位移反分析、力学参数的反演求解、桩基及深基坑工程中桩极限承载力、基坑变形程度预测和边坡稳定性预测等领域。神经网络现已渗透到土木工程、岩土工程应用中的各个方面，显示其在解决该方面问题的有效性[100,101]。

本书结合 BP 神经网络的非线性映射能力和遗传算法全局优化搜索能力强的优点，开发出自适应遗传算法-神经网络系统（Adaptive Genetic Algorithm-Back Propagation Network，AGA-BP），用于涵洞结构应力预测研究。利用模型试验数据作为样本，来完成网络的训练、预测过程，结果表明预测是可行且结果是可以接受的。

7.2 人工神经网络

7.2.1 神经网络主要特点

（1）具有自组织、自学习及推理的自适应能力。
（2）信息的分布式存储。
（3）容错性。
（4）并行的信息处理系统。

7.2.2 神经网络的学习

通过向环境学习获取知识并改进自身性能是神经网络的一个重要特点，性能的改善是按某种预定的度量通过调节自身参数（如权值）逐步达到的。神经网络模型与其相应的学习算法（学习规则）有如下三种。

（1）前向网络-BP 学习。该网络结构采用误差纠正反转学习算法（BP 学习），误差纠正学习的最终目的是使神经元在某一时刻对应的训练样本输出与实际输出差值达到最小，以使网络中每一输出单元的实际输出在某种统计意义上逼近应有输出。BP 网络是多层前馈神经网络的核心部分，本书采用 BP 神经网络结构，详述见 7.3 节内容。

（2）全反馈型的 Hopfield 网络-Hebb 学习。全反馈型的 Hopfield 网络，采用 Hebb 算法进行学习、训练网络。

（3）自组织神经网络-竞争学习。这种神经网络主要采用竞争学习算法。

7.3　BP 网络的概述

BP 网络的全称为 Back-Propagation Network，即反向传播网络。其利用非线性可微分函数进行权值训练，权值的调整规则采用的是后向传播学习算法，即 BP 学习算法。由于其结构简单、学习算法步骤分明，所以目前在人工神经网络的实际应用中，绝大部分的神经网络模型是采用 BP 网络和它的变化形式，它也是多层前馈神经网络的核心部分，体现了人工神经网络最精华的部分。

7.3.1　BP 网络结构

7.3.1.1　多层网络结构

典型的 BP 网络是三层网络，包括输入层、隐含层和输出层，各层单元之间实行全连接。神经单元模型如图 7.1 所示，图 7.2 显示了一个具有 N 个输出，L 个输入的三层 BP 神经网络的结构。

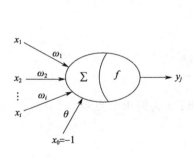

图 7.1　神经单元模型

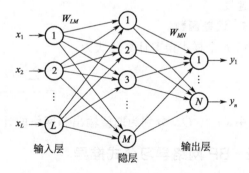

图 7.2　三层 BP 神经网络

7.3.1.2　传递函数

BP 神经元模型中，每个神经元输入与对应权值的乘积与阈值一起作为传递函数 f 的输入，见图 7.1 所示。传递函数是 BP 网络的重要组成部分，其作用是将神经网络的输入转换为输出。BP 神经网络的训练算法要求传递函数必须是连续可微的（传递函数对权值或阈值存在导函数）。BP 网络经常采用 S 型的对数或正切函数和线性函数。三种常见传递函数具有以下特征。

（1）logsig 传递函数（S 型的对数函数）。logsig 函数可将神经元的输入（范围为整个实数集）映射到区间（0，1）中，又由于该函数为可微函数，因此非常适合于利用 BP 算法训练神经网络。

（2）tansig 传递函数（双曲正切 S 型传递函数）。tansig 函数可将神经元的输入（范围为整个实数集）映射到区间（−1，1）中。

（3）purelin 传递函数（线性传递函数）。pureline 函数可将神经元的输入值取为任意值。三种传递函数的图形如图 7.3～图 7.5 所示。

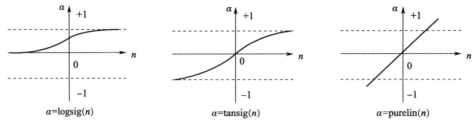

图 7.3　logsig 传递函数　　图 7.4　tansig 传递函数　　图 7.5　purelin 传递函数

7.3.1.3　BP 网络学习函数

（1）learngd 函数。该函数为梯度下降权值/阈值学习函数，它通过神经元的输入和误差以及权值和阈值的学习速率来计算权值或阈值的变化率。

（2）learngdm 函数。该函数为梯度下降动量学习函数，它利用神经元的输入和误差以及权值或阈值的学习速率和动量常数来计算权值或阈值的变化率。

7.3.1.4　BP 网络训练函数

训练算法都是通过计算性能函数的梯度，再沿负梯度方向调整权值和阈值，从而使性能函数达到最小。常用的 BP 网格训练函数包括以下三种。

（1）trainbfg 函数。该函数为 BFGS 准牛顿 BP 算法函数。

（2）traingd 函数。该函数为梯度下降 BP 算法函数。

（3）traingdm 函数。该函数为动量批梯度下降 BP 算法函数，该快速训练函数具有较快的收敛速度。

7.3.1.5　误差函数

对第 p 个样本误差计算公式为：

$$E_p = \frac{\sum\limits_t (t_{pt} - O_{pt})^2}{2} \tag{7.1}$$

式中，t_{pt}、O_{pt} 分别为期望输出和网络的计算输出；t 为输出节点数。

7.3.2　BP 网络学习公式推导

网络学习公式推导的指导思想[100]是对网络权值 ω_{ij}、T_{li} 的修正与阈值 θ 的修正，使误差函数（E）沿梯度方向下降。

（1）权值修正。由于权值的修正 ΔT_{li}、$\Delta \omega_{ij}$ 正比于误差函数沿梯度下降，则有

1）输出节点权值修正公式：

$$\Delta T_{li} = -\eta \frac{\partial E}{\partial T_{li}} = \eta \delta_l y_i \tag{7.2}$$

$$T_{li}(k+1) = T_{li}(k) + \Delta T_{li} = T_{li}(k) + \eta \delta_l y_i \tag{7.3}$$

2）隐层节点权值修正公式：

$$\Delta \omega_{ij} = -\eta' \frac{\partial E}{\partial \omega_{ij}} = \eta' \delta_i' x_j \tag{7.4}$$

$$\omega_{ij}(k+1) = \omega_{ij}(k) + \Delta \omega_{ij} = \omega_{ij}(k) + \eta' \delta_i' x_j \tag{7.5}$$

（2）阈值修正。阈值 θ 也是一个变化值，在修正权值的同时也需要对它进行修正，原理与权值修正相同。

1）输出节点：

$$\theta_l(k+1)=\theta_l(k)+\Delta\theta_l=\theta_l(k)+\eta\delta_l \tag{7.6}$$

2）隐层节点：

$$\theta_i(k+1)=\theta_i(k)+\Delta\theta_i=\theta_i(k)+\eta'\delta_i' \tag{7.7}$$

7.4　BP 网络在高填土涵洞结构变形（应力）预测问题中的应用

基于 BP 网络的高填土涵洞变形（应力）预测问题，需要确定网络模型样本数据及网络结构，针对本书的研究内容，进行如下阐述。

7.4.1　涵洞变形（应力）预测的神经网络模型样本

7.4.1.1　神经网络模型的样本数据分类

在预测涵洞填土达一定高度时，某一测点位置的应力数值需要该位置的以前填土高度时的应力数据和其余测点位置的应力数据，这些定量数据可作为网络样本数据的一部分。

由于涵洞结构形式、地基相对刚性条件和填土材料特性对涵洞结构应力产生影响，所以可考虑这些定性信息，将其作为输入样本数据。填土材料为砂土时用 0.3 表示、为亚黏土时用 0.4 表示；拱涵、盖板涵分别用 0.5 和 0.8 表示；刚性地基条件用 0.6 表示，柔性地基条件则用 0.7 表示。

7.4.1.2　样本数据的产生形式

（1）试验测试数据。将模型试验工况 M1～M7 的数据汇总整理形成 103 组试验数据，作为神经网络预测的样本。

（2）样本数据由试验测试数据和插值函数构造数据共同组成。针对某一次模型试验数据，由于只有二十几组数据，一般认为，样本过少可能使网络的表达不够充分，从而导致网络外推泛化的能力不足。为使建立起的神经网络具有很好的推广预测能力，因而本节在已测出的试验数据的基础上，构造插值函数，模拟实际填土高度没有测试到的数据。插值函数构造出的数据没有违背原有数据的发展变化规律，可以补充成样本数据的一部分。

所谓数据插值就是在样本点的基础上求出不在样本点上的其他点处的函数值。本书采用三次分段多项式的插值方式，由三次样条函数[102]在已有测出的试验数据基础上产生神经网络样本数据。

已知平面上 n 个点 (x_i, y_i) $(i=1, 2, \cdots, n)$，其中 $x_1 < x_2 < \cdots < x_n$，这些点称为样本点。如果有某函数 $S(x)$ 满足下面 3 个条件，则称 $S(x)$ 为经过这 n 个点的三次样条函数。

1）$S(x_i)=y_i(i=1, 2, \cdots, n)$，即该函数经过这些样本点：

2）$S(x)$ 在每个子区间 $[x_i, x_{i+1}]$ 上为三次多项式，即

$$S(x)=c_{i1}(x-x_i)^3+c_{i2}(x-x_i)^2+c_{i3}(x-x_i)+c_{i4} \tag{7.8}$$

3）$S(x)$ 在整个区间 $[x_i, x_n]$ 上有连续的一阶及二阶导数。

7.4.2　涵洞变形（应力）预测的 BP 网络结构

（1）网络结构的确定。

1) 输入、输出神经元的确定。针对本书研究内容，考虑到涵洞结构测点位置的应力值和涵洞结构形式、地基相对刚性条件、填土材料都决定预测结果，故网络输入层神经元为 9 个；输出向量为涵洞预测测点应力，输出层神经元为 1 个。

2) 隐层的确定。网络结构可分为三层：输入层、中间层（也叫隐层，可以是多个）、输出层，输入层和输出层通常由所描述的实际问题决定，本书的确定如 1) 所述。而对神经网络的结构起决定性作用的是隐层数及每层的节点单元数。普遍采用的方法是根据人为经验选取，根据经验公式[100]确定隐层单元数，具体为

$$n_2 = \sqrt{n_1 + m + 1} + a \tag{7.9}$$

式中，n_2 为隐层单元数；n_1 为输入层单元数；m 为输出层单元数；a 取 $[1, 10]$ 之间的数。

本研究的网络结构首先采用经验确定，同时也采用提出的优化方法确定，将两者的预测结果进行对比，发现优化确定的网络结构好于经验法得出的。

（2）传递函数确定。隐层的神经元传递函数为 $\mathrm{tansig}(n)$，输出层的神经元传递函数采用 $\mathrm{purelin}(n)$。

（3）训练函数确定。本书采用动量批梯度下降算法，其具有更快的收敛速度和避免局部最小问题的出现的优点。动量批梯度下降算法是在网络训练算法中引入一个动量项，有效避免了局部最小问题在网络训练中的出现。所谓动量项的加入就是指在网络每次的权值和阈值的改变量中加入前一次的改变量，第 k 次循环中的权值和阈值改变量可表示为

$$\Delta\omega(k+1) = -\alpha_k g_\omega(k) + \beta\Delta\omega(k-1) \tag{7.10}$$

$$\Delta\theta(k+1) = -\alpha_k g_\theta(k) + \beta\Delta\theta(k-1) \tag{7.11}$$

式中，$g_\omega(k)$、$g_\theta(k)$ 分别为当前性能函数对权值和阈值的梯度；α_k 为学习速率；β 为动量系数，β 的值在 0 到 1 之间，当 β 为 0 时，权值和阈值的改变量就由此时计算出的负梯度来确定；当 β 为 1 时，权值和阈值的改变量就等于它们前一时刻的改变量。

7.4.3 BP 网络预测高填土涵洞结构变形（应力）

基于模型试验数据建立高填土涵洞应力预测模型，该模型通过对网络隐层、输出层权值、阈值的修正，使误差函数沿梯度方向下降，网络训练后建立起输入、输出之间的非线性映射关系，发挥这种网络结构逼近任意非线性映射的能力，对高填土涵洞应力进行预测。本研究网络的输入兼顾模型试验实测数据和其影响因素的信息，可以对涵洞测点应力进行施工期或运营期的预测分析。

（1）针对研究问题，收集测点数据信息生成样本。一部分样本作为网络训练样本，另一部分作为网络预测样本，预测样本的实测值可以对预测结果进行检验。

（2）确定网络结构，具体研究中采用两种方法。一是凭借经验公式[100]确定，二是自行编程实现 AGA-BP 系统，优化搜索确定。

（3）建立输入、输出映射关系。利用训练完成的网络推广预测能力实现对涵洞测点位置随填土高度增长结构应力数值的预测。

7.4.3.1 样本数据的前后处理

处理神经网络仿真问题时，当训练样本组数据参差不齐且都比较大时，网络的训练收敛情况一般是不太好的，甚至难于收敛，此时，就需要对数据进行归一化处理。这样处理其训练收敛情况会得到改善，得到输出结果后，再将其还原，这样可以提高网络的效率。采用比

例归一化方法，将输入及输出数据变换在 [0.2, 0.8] 之间，具体公式如下。

归一化公式：

$$x^* = 0.2 + \frac{0.6(x - x_{\min})}{x_{\max} - x_{\min}} \quad x^* \in [0.2, 0.8] \tag{7.12}$$

反归一化公式：

$$x = x_{\min} + \frac{(x^* - 0.2)(x_{\max} - x_{\min})}{0.6} \quad x^* \in [0.2, 0.8] \tag{7.13}$$

7.4.3.2 计算实例

对模型试验得出的试验数据进行 BP 网络训练、预测。对模型试验工况 M5 进行预测，结果如下所述。

M5 工况下试验数据（见附录二，数据格式为 M5-x，x＝1，2，…，23），其中 15 组数据用于网络训练学习，其余 8 组数据用于网络预测，经验公式确定网络结构为 6-10-1，即输入层神经元为 6 个，中间隐层神经元为 10 个，输出层神经元为 1 个。网络的训练结果见图 7.6，层间权值、阈值取值如表 7.1、表 7.2 所示，预测结果如图 7.7、图 7.8 所示。

如图 7.6 所示，网络的训练误差精度设定为 0.0001 MPa，网络训练步设定为 3000 步。在前 200 步内梯度下降很快，近似直线下降，并在此以后保持稳定。

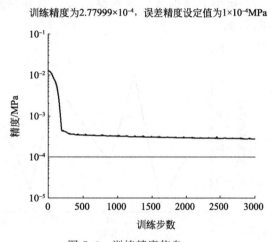

图 7.6 训练精度信息

网络训练采用的是自适应动量梯度下降算法进行权值和阈值的修正，最终的训练权值如表 7.1、表 7.2 所示。

表 7.1 隐层权值和阈值

i	j						阈值
	1	2	3	4	5	6	
1	2.6947	−1.894	−0.3714	−1.1484	−0.639	−2.1242	−0.3051
2	−0.9772	1.5707	1.4349	−1.764	−2.1137	1.9893	1.9135
3	−3.397	−0.7621	0.0704	1.8154	−0.746	0.5215	2.4839
4	2.3399	2.3949	2.0216	0.9562	1.6791	0.8528	−5.1169
5	−1.5019	1.8319	−0.2004	3.1048	1.5715	−1.8919	−0.3259
6	1.0449	1.4735	−0.5411	0.3342	3.2946	0.2033	−3.0911
7	2.6207	−0.8749	−0.2144	−0.529	1.9694	2.5275	−1.7187
8	1.6103	−2.6595	0.667	−2.07	−1.1858	−1.2971	5.0079
9	2.4879	−1.6377	2.6879	0.9668	0.9966	0.7488	−0.4578
10	−2.4679	−1.6582	−2.558	0.9939	1.1422	−0.5179	0.0987

表 7.2　输出层权值和阈值

l	j					阈值
	1	2	3	4	5	-0.2396
1	0.8842	0.8416	-0.8255	-0.7043	2.5221	
l	j					
	6	7	8	9	10	
1	1.5094	-1.2438	-2.6808	0.9081	-1.0122	

注：表 7.1、表 7.2 中，j 代表输入层神经元节点序号，i 代表中间层神经元节点序号，l 代表输出层神经元节点序号。

运用上面训练好的网络结构，对涵洞断面测点位置 I 应力预测，预测效果如图 7.7、图 7.8。

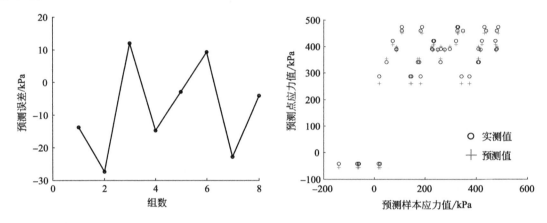

图 7.7　涵洞断面测点 I 预测误差曲线图　　　　图 7.8　预测值和实测值的逼近效果图

图 7.7 中，预测的绝对误差在 [−30，10] 之间，相对预测误差（绝对误差与测量值平均值）最大值为 8%。预测误差曲线没有呈现规律性变化，造成该现象发生主要由于网络的样本数据组数过少。故考虑利用插值函数在现有试验数据基础上构造补充数据组成样本，或采用不同试验工况下定量与定性数据组合产生样本，具体的操作步骤及结果如 7.6 节所述。

上述应用表明 BP 神经网络用于涵洞结构变形（应力）预测是可行的，但网络结构的确定仅仅根据经验确定，虽然很可能提高训练精度，但预测精度反而下降。为防止这种"过训练"现象的发生，本书基于 matlab 软件平台，编制自适应遗传算法-神经网络系统（AGA-BP），采用累计预测误差标准差作为适应度函数，利用自适应遗传算法优化搜索确定网络结构，采用该网络结构的神经网络系统进行应力预测，提高预测精度的同时，还可有效避免"过训练"现象的发生。

7.5　AGA-BP 系统实现过程

本研究提出自适应交叉、变异概率公式，来改进标准遗传算法的交叉、变异操作，防止随机漫游的同时可搜索到全局最优解。而神经网络适于描述非线性映射关系，具有优良的网络推理能力。结合两者的优点建立自适应遗传算法-神经网络系统，用于对高填土作用下涵洞结构测点位置变形（应力）的预测研究。在该系统中，标准遗传算法中交叉、变异操作依据自适应交叉、变异概率公式进行，兼顾全局和局部寻优特性的自适应遗传算法搜索确定最优的神经网络结构。该网络结构通过学习和记忆，建立一个能结合模型试验监测的定量数据和考虑影响预测结果的定性信息的预测模型，该模型对本书研究的高填土涵洞随填土高度变化的涵洞结构变形（应力）具有很好的预测能力。

7.5.1　BP 网络应用中的不足

BP 网络突出的优点是具有很强的非线性映射能力和柔性的网络结构，通过各种学习算法来调整网络中的权值，目的是使期望输出值与实际输出值之间的误差达到最小。虽然众多的工程实例已经证实多层前馈网络是一种有效的神经网络模型，本书也用模型试验数据验证 BP 网络在高填土涵洞结构应力预测研究中是可行的，但是有两个重要因素直接影响着网络的推广预测能力，一个是网络的结构，另一个是"过训练"问题，这两个因素共同制约着网络的学习效果和预测能力。

（1）网络的结构。网络隐含层的层数及隐含层的单元数的选取尚无理论上的指导，而更多的是根据经验确定。若数量太少，则网络所能获取的用以解决问题的信息太少；若数量太多，不仅增加训练时间，更重要的是隐层节点过多还可能出现所谓"过度吻合"（Overfitting）问题，即测试误差增大导致泛化能力下降，因此合理选择隐层节点数非常重要。

（2）"过训练"（Overtraining）问题。指虽然训练集在迭代中均方根偏差尚可继续降低，但测试集的均方根偏差开始上升，即对于训练集结果看似是较好的，但对于测试集结果处理可能较差[103]。过训练是由于所建造的数学模型去"契合"个别样本所致，为了避免"过训练"，可采用测试集来监控训练集的训练过程。

本书为改善 BP 网络应用中的不足，采取一些措施。对网络结构的确定，采取自适应遗传算法优化搜索产生，避免凭经验人为确定。为了防止"过训练"问题，遗传算法的适应度函数采用 BP 网络产生的累计预测误差的标准差。

7.5.2　标准遗传算法

遗传算法（Genetic Algorithm，GA）可以为解决 BP 网络预测问题提供一种新的途径，即利用遗传算法优秀的全局优化搜索能力来确定改善神经网络结构，避免人为确定网络结构的盲目性和泛化能力差的问题。GA 是一种基于自然选择和遗传变异等生物进化机制的全局性概率搜索方法，它是从一组解（解群）开始搜索，能有效地跳出局部极值点，适用于多峰值、多参数问题的求解。从某种意义上讲，遗传算法全局搜索能力大于局部求精能力[104]。

7.5.2.1　GA 的特点

GA 是一种借鉴基因遗传机理和达尔文适者生存的自然选择原则，模拟自然进化过程，基于群体的随机化搜索算法。20 世纪 90 年代初，为了让计算机自动地进行程序设计，J. R. Koza 使用遗传算法的基本思想，提出了遗传程序设计（genetic programming）的概念[104]。现在，J. H. Holland 提出的遗传算法通常被称为标准遗传算法（standard genetic algorithm，简称 SGA）。GA 具体特点如下所述。

（1）GA 以决策变量的编码作为运算对象。

（2）GA 直接以目标函数值作为搜索信息。

（3）GA 使用概率搜索技术。

（4）GA 具有隐含并行性。

上述特点使得 GA 具有使用简单、鲁棒性强、易于并行化等优点，从而使之具有很广的应用范围。

7.5.2.2　GA 的理论基础

（1）模式定理。模式定理是指在选择、交叉和变异算子的作用下，GA 具有低阶、短的定义长度并且平均适应度高于群体平均适应度的特点将在子代中按指数级增长。模式定理是 GA 的理论基础，它说明高适应值、短定义距、低阶的模式在后代中以指数增长被采样。

（2）隐含并行性。GA 有效处理的模式数与群体规模的立方成正比，即为 $O(SP^3)$。这个关于有效模式处理数目的估计非常重要，Holland 称之为 GA 的隐含并行性（Implicit Parallelism）。它表明，每一代中除了仅对 SP 个串进行处理外，GA 实际上大约处理了 $O(SP^3)$ 个模式，从而每代只执行与种群规模 SP 成正比的计算量，就可以同时达到对大约 $O(SP^3)$ 个模式进行有效处理的目的，并且无需额外的存储。隐含并行性使 GA 可以高效地搜索解空间，最终逼近问题的最优解。

（3）基因块假设。由模式定理可知：具有低阶、短定义距以及高适应度的模式在 GA 中起到非常重要的作用，因而把具有低阶、短定义距以及高适应度的模式称为基因块。基因块假设认为基因块在遗传算子作用下，相互结合，能生成高阶、长距、高适应度的模式，可最终生成全局最优解。

基因块假设被认为是解释 GA 寻优原理的较完善的理论，它对 GA 在理论上的深入研究提供较好基础，并为 GA 性能的改进和应用的拓展提供了理论指导。

7.5.2.3　GA 操作算子

GA 使用的三种主要的遗传算子有选择算子、交叉算子和变异算子。

（1）选择算子。GA 的选择操作是用来确定如何从父代群体中按某种方法选择哪些个体遗传到下一代群体中的一种遗传操作。选择运算一般常采用比例选择算子。

本书的遗传操作采用的是随机联赛选择，该选择方式也是一种基于个体适应度之间大小关系的选择方法。联赛选择中，每次进行适应度大小比较的个体数目称为联赛规模，本书联赛规模 N 的取值为 2。联赛选择的具体操作过程是：从群体中随机选择 N 个个体进行适应度大小的比较，将其中适应度最高的个体遗传到下一代群体中，将上述过程重复 M 次，就可得到下一代群体中的 M 个个体。

（2）交叉算子。GA 交叉操作是指对两个相互配对的染色体按某种方式相互交换其部分基因，从而形成两个新的个体。交叉运算是 GA 区别于其他进化算法的重要特征，在 GA 中起着关键作用，是产生新个体的重要方法。标准遗传算法采用单点交叉算子，具体操作过程如下：对群体的个体进行两两随机配对；对每一对相互配对的个体，随机设置为交叉点；对每一对相互交叉的个体，依设定的交叉概率 p_c 在交叉点相互交换两个个体的部分染色体，从而产生两个新个体。

本书改变交叉概率事先设定后整个遗传过程一成不变的做法，提出自适应交叉概率公式，使交叉率随着进化操作而改变，更加符合生物进化原则。

（3）变异算子。变异操作是在遗传算法运行后期，增加个体多样性措施，防止陷入局部最优和随机漫游现象的发生，本书变异运算使用基本位变异算子，具体执行过程是：对个体的每一个基因块，依变异概率 p_m 指定其变异点；对每一个指定的变异点，对其基因值做取反运算或用其他等位基因值来代替，从而产生一个新的个体。

本书在遗传操作过程中，随着进化代数的增加，为了防止后期种群多样性降低及随机漫游现象发生，将变异率逐渐增大，交叉率减小。

7.5.2.4　GA 应用步骤

GA 可提供求解复杂系统优化问题的通用框架，它不依赖于问题的领域和种类。对一个需要进行优化计算的实际应用问题，一般可按下面步骤来构成求解该问题的 GA：（1）确定决策变量及其各种约束条件；（2）建立优化模型；（3）确定表示可行解的染色体的编码方法；（4）确定解码方法；（5）确定个体适应度的量化评价方法；（6）设计遗传算子（选择算子、交叉算子、变异算子等）；（7）确定 SGA 的相关运行参数。

7.5.3　自适应遗传算法

标准遗传算法有传统算法无法比拟的优点，但自身也有其缺陷，研究发现，GA 可以用极快的速度达到最优解的 90% 左右，但要达到最优解则要花费很长的时间。这主要是由于 SGA 从多个个体组成的群体进行搜索，因此可以很快找到最优点的区域，但随着遗传群体的不断进化，群体的多样性逐渐降低，特别是采用最优个体储存策略，每代的最优个体被保存下来不参加遗传操作，个体间相似性随之提高，个体的适应度不断地接近平均适应度，使得选择压力减小，因而难以搜索到更优的个体，从而使 GA 产生随机漫游现象，陷入局部极值。为了改变遗传算法这一缺陷，本书设计了与个体适应度大小相关联的自适应个体交叉、变异概率，防止早熟收敛，并将神经网络结构作为优化变量，搜索确定用于预测的网络结构。

7.5.3.1　自适应交叉、变异概率公式

对标准遗传算法进行改进时，常采用的措施是最优储存策略。储存的含义就是将当前代的适应度最高的个体保护起来，直接进化到下一代群体中，而不像其他个体那样进行交叉、变异等遗传操作，这样能加快搜索速度，但很可能陷入局部最优解；这样操作也容易使某个局部最优个体不易被淘汰掉反而快速扩散，导致遗传后期种群的多样性降低，发生随机漫游；另外将当前代的最优个体完全排除在交叉、变异操作之外的最优储存策略是不符合生物进化机制的。

为此，基于标准遗传算法的交叉、变异概率，设计与个体适应度大小相关联的自适应个体交叉、变异概率公式如下。

$$p_{ci} = \left(p_c \left| 1.0 - F_i \middle/ \sum_{i=1}^{M} F_i \right| \right)^c \tag{7.14}$$

$$p_{mi} = \left(p_m \left| 1.0 - F_i \middle/ \sum_{i=1}^{M} F_i \right| \right)^m \tag{7.15}$$

式中，p_c、p_m 分别为当前种群初始交叉、变异概率；p_{ci}、p_{mi} 分别为当前种群第 i 个个体最终被选择进行交叉、变异操作的概率；M 为群体大小；F_i 为个体 i 的适应度；c 为交叉幅度系数；m 为变异幅度系数。

依据 p_{ci}、p_{mi} 选择需要参加交叉、变异运算的父代群体，当前种群中适应度高的个体被选择的概率较小；反之，参加交叉、变异运算的概率较大。与最优储存策略不同的是采用改进策略之后，即使是当前种群中适应度最高的个体也有可能参加进化，只是概率很小。幅度系数引进的意义在于它改变了交叉、变异概率一成不变的做法，幅度系数初值取 $c = 0.1 \sim 0.2$，$m = 10$，这样能使进化初期交叉率取值较大，变异率取值较小；随进化代数调整幅度系数值变化，使后期交叉率取值逐渐减小；变异率取值逐渐增加，增加种群的多样性，

防止进化后期随机漫游的发生。因此，改进策略更加符合生物的进化机制，并且已有相关文献证明将该公式应用到结构截面优化中是可行的[105,106]。

7.5.3.2 适应度函数确定

（1）神经网络训练中的均方误差。BP 神经网络进行样本训练时，通过均方误差控制网络的训练精度。均方误差小于精度要求时或训练步数大于设定步数时，表明训练完成。具体表达式如下。

$$\text{MSE} = \frac{1}{mp} \sum_{p=1}^{p} \sum_{j=1}^{m} (\hat{y}_{pj} - y_{pj})^2 \tag{7.16}$$

式中，m 为输出节点的个数；p 为训练样本数目；$\hat{y}_{pj}$ 为网络期望输出值；y_{pj} 为网络实际输出值。

（2）自适应遗传算法中的适应度函数。为了防止神经网络结构"过训练"问题，提高网络的泛化能力，将适应函数确定为 BP 预测样本累积误差标准差，并作为 AGA-BP 系统搜索结束的判定条件之一，具体形式如式（7.18）所示。

$$f(x) = \sqrt{\frac{\sum_{i=1}^{n} \left\{ \left[\sum_{j=1}^{m} (\hat{y}_j - y_j) \right]_i - E \right\}^2}{n-1}} \tag{7.17}$$

$$E = \frac{1}{n} \sum_{i=1}^{n} \sum_{j=1}^{m} (\hat{y}_j - y_j) \tag{7.18}$$

式中，n 为预测样本数；m 为输出层神经元数；$\hat{y}_j$ 为实际测试输出值；y_j 为网络预测输出值。

7.5.4 AGA-BP 系统实现步骤

神经网络输入层、输出层神经元数由实际问题决定，而隐含层数及隐含层单元数是凭经验选取的，容易存在"过训练"等问题，制约了其在实践中的运用。而 AGA-BP 系统是将网络结构用二进制串编码进行表达，用自适应遗传算法进行全局空间搜索，对搜索到的每种网络结构进行学习和对测试样本进行预测，通过适应度函数——累计预测误差标准差作为网络训练的判定标准，有效地防止"过训练"问题。通过对网络结构进行不断地进化，从而获得全局意义上的最优网络结构和模型，具体算法如下。

（1）系统初始化。包括种群规模 n、进化代数 m、初始交叉率 p_c、初始变异率 p_m 的确定；神经网络的输入及输出层神经元数量、传递函数类型、训练函数类型；网络训练、测试样本的产生等。

（2）采用二进制编码随机生成初始种群。群体规模为 $n(n=10)$，代表初始的 $n(n=10)$ 种网络结构。隐层数确定范围为 0~3，每层的神经元选择个数为 0~31 个，所以编码采用 5 位的二进制串表示。二进制串相连构成一条染色体代表一种网络结构。

（3）解码。种群解码得出的每个 0~31 范围的十进制数代表相应层的神经元个数，其产生不同的神经网络结构。

（4）用给定的样本数据训练解码得到的相应的神经网络结构。用 BP 算法反复修正网络的连接权值，模型（权值）每修改一次，用测试样本数据进行一次检验预测，每种结构对所有测试样本的累积预测误差的标准差作为适应度函数，评价该网络结构的预测能力。从中找出预测误差（适应值）最小的网络结构，并作为本代最优个体模型。

（5）适应度函数值或进化代数作为进化终止的判定条件。如果本代最优个体的适应度函数值达到要求（小于某一规定数值）或进化代数达到要求（规定代数），则算法结束。跳出系统循环后，将得到的最优个体解码确定为最优网络结构。否则，上代群体作为初始父代群体，对于网络结构群体中的每一个可能的网络结构继续执行（6），以获得最佳网络结构。

（6）执行自适应遗传算法。采用随机联赛选择的方式进行选择操作，采用自适应交叉、变异概率公式进行交叉、变异遗传操作。

（7）产生新网络结构群体。重复（6），产生种群规模为 n 的网络结构群体，执行最优个体储存策略，将上代群体（父代）的最优个体随机替换当代（子代）一个网络结构个体。

（8）对新网络结构进行训练、预测。将新网络结构群体解码，用这种网络结构对样本进行训练、预测，由适应度函数确定适应度值。用判定条件进行检验，如果满足，则子代群体成为新一代父代群体，转而执行（6）；否则，进化结束，最后一代最优个体解码确定为最优网络结构模型。

由上述过程可以看出：每一网络皆在累积预测误差的标准差作为适应度函数——最佳预测学习算法（此算法能保证网络有最佳的预测能力，可以避免网络学习的"过训练"问题）的指导下进行训练，因此通过不断进化，总能找到理想的网络模型，能较好地反映出输入、输出神经元之间的非线性映射关系。训练完成的神经网络预测模型，能够解决考虑涵洞结构形式、地基条件和填土材料影响因素下的高填土涵洞测点位置变形（应力）的预测问题[107-109]。

7.5.5　操作步骤流程图（图 7.9）

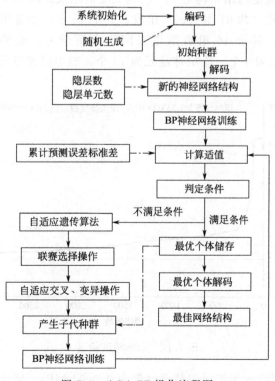

图 7.9　AGA-BP 操作流程图

7.6 涵洞结构应力预测结果

7.6.1 一类样本数据，经验公式确定网络结构

（1）采用三次样条插值函数补充样本数据。基于试验测出的数据，采用三次样条插值函数对试验数据拟合，得出插值数据样本。拟合效果如图 7.10 所示，由图可知补充样本数据符合试验数据的发展规律。

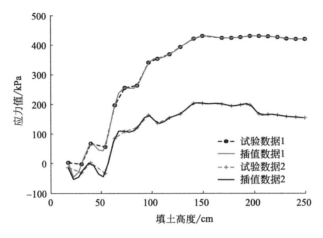

图 7.10　插值函数拟合效果图

（2）根据经验公式确定网络结构对 M5 试验工况训练及预测结果。一类样本数据由模型试验数据和插值拟和数据（共 61 组数据）组成，其中 4、8、12 等组用来预测结果，用于预测结果的数据共 15 组，其余 46 组数据用来网络训练学习，经验公式估计网络结构为6-10-1，即输入层神经元为 6 个，隐层神经元为 10 个，输出层神经元为 1 个，具体训练结果如图 7.11 所示。

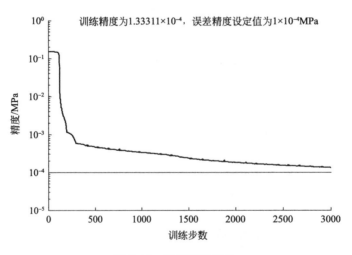

图 7.11　训练精度信息

由图 7.11 可知，网络的训练误差精度设定为 0.0001 MPa，网络训练步设定为 3000 步。在前 300 步内梯度下降很快，近似直线下降，并在此以后保持稳定；网络训练精度为

1.33×10^{-4}，较 7.4.3.2 节有所提高，数据样本量的增加提高了训练精度。

　　网络训练采用的是自适应动量梯度下降算法对权值和阈值进行修正，最终的训练权值、阈值见表 7.3、表 7.4。

表 7.3　隐层权值和阈值

i	j						阈值
	1	2	3	4	5	6	
1	2.0617	2.0516	2.3334	−1.7055	−1.0271	−0.7786	−3.5572
2	1.1121	1.0751	−3.5861	−0.1662	0.9188	−0.8997	−0.6920
3	−1.5672	1.7595	3.2686	−0.7369	0.05428	0.1021	−0.0997
4	−0.0225	−2.8662	2.1767	−0.0593	−0.1083	1.8417	1.0936
5	2.2004	−0.0183	0.1025	2.8683	1.3202	−2.9695	0.4082
6	−1.6375	−0.7558	0.8365	−1.848	2.433	−1.8431	1.147
7	2.3256	−2.4831	2.9029	−1.4445	−0.5104	−1.0228	0.669
8	2.6487	1.7016	0.3922	0.6783	−0.4228	−0.0329	−2.8642
9	0.7632	1.278	−0.4894	−1.5674	−1.2146	−3.0938	3.9817
10	−3.5535	−0.3543	−1.1099	0.8859	−0.6563	1.126	−0.6276

表 7.4　输出层权值和阈值

l	j					阈值
	1	2	3	4	5	
1	1.6233	−0.8705	0.5649	0.2237	2.6874	
l	j					0.0871
	6	7	8	9	10	
1	0.7664	−2.2479	0.8731	−1.4642	−0.5169	

　　注：表 7.3、表 7.4 中，j 代表输入层神经元节点序号，i 代表中间层神经元节点序号，l 代表输出层神经元节点序号。

　　运用训练完成的网络结构模型，对涵洞断面测点位置 I 进行预测，效果如图 7.12。

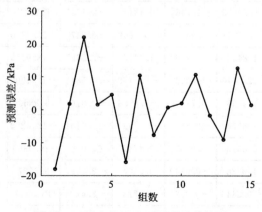

图 7.12　测点位置 I 预测误差曲线图

从图 7.12 中可以看出，预测的绝对误差在 [−20, 30] 之间，相对误差最大值为 7.2%，较 7.4.3.2 节计算实例相对误差最大值 8% 有所减小，预测精度提高，数据样本增多可以改善预测效果，插值函数拟合出样本数据的方法是可行的。

7.6.2 二类样本数据，由经验公式确定网络结构

模型试验工况（M3~M7）实测应力数据，并考虑地基处理形式、涵洞结构形式和填土材料等三个因素，设 6 组定性数据，砂土 0.3、黏土 0.4；拱涵 0.5、盖板涵 0.8；刚性地基处理方式 0.6、柔性地基处理方式 0.7（共 103 组数据，样本数据见附录二）共同组成二类样本数据。其中 4、8、12 等组用来网络预测，用于网络预测数据共 25 组，其余 78 组数据用来网络训练学习。输入神经元包括测点位置的应力值和填土材料、涵洞结构形式、地基处理方式的信息，故总的输入神经元个数定为 9 个，输出神经元个数为 1 个，经验公式估计网络结构为 9-10-1。训练结果见图 7.13，层间权值、阈值如表 7.5、表 7.6 所示。

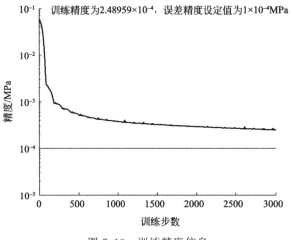

图 7.13　训练精度信息

由图 7.13 可知，网络的训练误差精度设定为 0.0001 MPa，网络训练步设定为 3000 步。在前 200 步内梯度下降很快，近似直线下降，并在此后近似保持稳定；网络训练误差没有达到精度要求的主要原因是样本中增加三方面影响因素的定性信息，导致数据彼此之间离散程度增大。另外网络训练精度为 2.49×10^{-4}。

网络训练采用的是自适应动量梯度下降算法进行权值和阈值的修正，最终的训练权值、阈值见表 7.5 和表 7.6。

表 7.5　隐层权值和阈值

i	j									阈值
	1	2	3	4	5	6	7	8	9	
1	0.3235	−1.8976	−0.3675	−1.2464	0.4313	−0.1717	5.2343	−20.6410	−6.3999	14.244
2	−0.1357	−0.2509	−0.6718	0.9625	−0.9052	−2.2470	−22.3350	−1.9798	−0.6447	13.6650
3	0.1145	1.5161	1.8436	0.0646	1.4715	−2.5625	−18.9170	−2.5045	2.6465	3.9628
4	−1.4002	0.0348	−2.4776	1.8349	−0.5172	−0.5813	−12.1900	−5.6841	5.2254	5.5326
5	−0.3264	−0.3146	1.0095	0.7166	−1.8786	−2.0164	3.8863	−15.0790	−3.1653	12.1410
6	−1.7253	−0.5267	1.6874	−0.4884	−1.7699	−0.9101	−18.9250	7.9753	−3.4743	4.8606
7	0.2110	0.9732	2.5313	0.9167	0.4747	0.7039	−6.0960	9.0248	5.8810	−9.9405
8	0.5659	−1.8828	1.0028	−0.9149	0.9500	−2.2097	5.5227	9.7144	−3.9084	−3.9147
9	0.4419	0.4351	−0.2446	−0.0625	−0.7184	−2.4705	12.3910	−1.8956	5.4249	−5.2384
10	1.0237	−1.6506	0.3853	2.0782	0.8216	0.6618	8.8675	2.7807	6.4227	−7.0889

表 7. 6　输出层权值和阈值

l	j					阈值
	1	2	3	4	5	
1	−0.8917	−0.9508	−1.3573	−0.7572	0.6928	
l	j					−0.5886
	6	7	8	9	10	
1	−0.9526	0.8081	−1.2843	−0.9481	0.0278	

　　注：表 7.5、表 7.6 中，j 代表输入层神经元节点序号，i 代表中间层神经元节点序号，l 代表输出层神经元节点序号。

　　运用上面训练好的网络结构，对涵洞关键截面进行预测，预测效果如图 7.14 所示，预测的绝对误差在 [−80，80] 之间，预测相对误差最大值为 36.9%。

7.6.3　二类样本数据，AGA-BP 系统确定网络结构

　　样本数据的产生同 7.6.2 节，其中 4、8、12 等组用来预测训练结果，其余 78 组数据用来网络训练学习。输入神经元个数为 9，输出神经元个数为 1，隐层数和隐层节点神经元数目由 AGA-BP 系统产生，具体操作过程见流程图 7.9，具体参数为种群规模为 10，进化代数为 50 代，适应度函数为累积预测误差标准差，限值设为 0.1，依据自适应交叉、变异概率进行遗传操作，网络训练结果如图 7.15 所示。

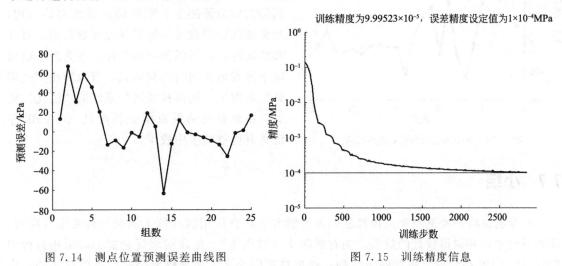

图 7.14　测点位置预测误差曲线图　　　　图 7.15　训练精度信息

　　由图可知，网络的训练误差精度设定为 0.0001 MPa，网络训练步设定为 3000 步。网络在训练次数达 2852 次后达到精度要求，较 7.6.2 节有所改进，在训练误差精度提高的同时，样本的预测误差反而下降（见图 7.16），说明搜索到的网络结构能够有效防止"过训练"问题，同时这种网络结构的获得是在累积预测误差标准差最小为判定条件下得到的，故为最优网络结构。运行 AGA-BP 系统 28 min 后，得到适应度值和对应的网络结构的二进制编码形式，见表 7.7。解码后，最小适应度对应的网络结构 9-9-19-1（2 个中间层，每层对应的神经元个数分别为 9 和 19）确定为最终网络结构形式。

表 7.7　适应度值和网络结构形式对应表

适应度	网络结构二进制形式									
0.1107	0	1	0	0	1	1	0	0	1	1
0.0302	1	0	0	0	1	0	1	1	1	0
0.0233	1	1	1	1	1	0	0	0	1	1
0.0201	1	0	0	1	1	1	0	0	0	0
0.0282	1	0	0	1	1	1	0	0	0	0
0.0210	1	0	1	0	1	0	0	0	1	1
0.0248	1	1	1	1	0	1	0	1	1	1
0.0263	1	1	1	1	1	0	1	1	0	1
0.0302	0	1	1	1	0	0	0	1	1	0
0.0252	0	1	1	1	0	0	1	0	1	0

运用得到的最优网络结构 9-9-19-1，对涵洞结构测点位置 I 进行预测，预测效果如图 7.16 所示。

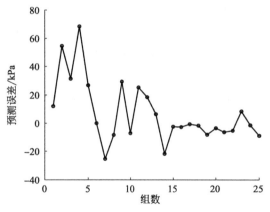

图 7.16　测点位置预测误差曲线图

由图 7.16 得出，预测的绝对误差 [−40，80] 之间，预测相对误差最大值为 28.4%，预测误差较 7.6.2 节的 36.9% 有所减小，预测精度提高。可见 AGA-BP 系统在高填土涵洞结构应力预测上，能够确定最优网络结构，避免选择隐层数及其每层神经元数目的盲目性和经验性，在累积预测误差标准差为最小的前提下搜索最优网络结构形式，有效防止"过训练"的发生，提高神经网络系统的"泛化"能力。由预测的结果数据分析可见 AGA-BP 系统具有优越的应用效果。

7.7　小结

本章尝试将神经网络和遗传算法两种智能方法联合应用到高填土涵洞结构变形（应力）预测研究中，并取得较好的效果。为有效防止"过训练"、提高网络泛化能力，采用自行编制的 AGA-BP 系统确定最佳网络结构；提出自适应交叉、变异概率公式；遗传算法的适应度函数确定为 BP 网络的累积预测误差标准差。

样本分为某一工况下的实测数据，实测数据和插值函数拟合出的数据两种情况；网络结构分别由经验公式和 AGA-BP 系统优化搜索两种方法确定。两种网络结构对样本数据训练后，预测的结果对比表明，AGA-BP 系统对高填土涵洞结构变形（应力）具有很好的预测效果。提出的 AGA-BP 系统模型能够提高网络的泛化能力，可以用于其他相关问题的预测研究中。

第 **8** 章

结 论

    本书通过室内模型试验、数值模拟的研究方法全面分析涵洞垂直土压力分布、涵洞结构应力场分布和填土土层位移场分布，并以鹤大高速公路恒仁新开岭（辽吉界）至丹东古城子段拱涵和盖板涵施工为依托工程，完成两处高填土涵洞上部垂直土压力的监测工作。将遗传算法和神经网络两种智能方法各自优点进行结合，编程实现 AGA-BP 智能预测系统，实现对高填土涵洞结构断面测点的变形（应力）预测，得到的主要研究结论如下。

    （1）基于量纲分析法，正交试验和二次试验相结合对比确定以河砂为骨料，石膏、硅藻土混合物为胶结物的相似材料，并确定相似材料的最优配比。试验结果对类似工程相似模拟具有一定的参考借鉴意义。同时替代有机玻璃、木块，由确定的相似材料制作涵洞的小比例尺相似模型，实现涵洞、填土全过程相似模拟试验。

    （2）模型试验得出高填土涵洞垂直土压力分布，涵洞结构应力分布和涵洞周围土层的沉降变形分布。提出"附加应力"和"土拱效应"共同作用决定高填土涵洞垂直土压力分布的结论。分析填土材料土性参数、地基处理方式的不同对拱涵、盖板涵两种涵洞结构形式的垂直土压力分布的影响。实测结果与结构力学求解结果进行对比，反映出涵洞是一个与周围填土共同工作的统一结构体，并探讨填土初期涵洞发生病害的原因。通过标志点沉降测量，得出不同标高土层的沉降分布。

    （3）基于有限元分析软件，完成数值模拟研究，得出地形边界条件、填土特性、地基土特性和涵洞结构形式与涵洞垂直土压力的关系。模拟出涵洞周围沉降位移分布，涵洞结构高、低应力区分布，结果与模型试验相同，可以为模型试验研究提供补充。

    （4）选取鹤大高速公路两种涵洞结构形式完成现场试验研究。完成现场监测方案制定、监测断面位置的选取及监测仪器埋设，获得较完整、详实的监测数据。汇总土压力-填土高度关系曲线，分析得出涵洞上部中心点处、涵台顶部处土压力测试值的分布规律。

    （5）对目前几种典型的土压力计算理论进行评价。分析高填土涵洞填土中的"土拱效应"以及土拱与卸荷拱的区别。基于本书提出的土压力分布，分别建立刚性和柔性两种地基处理方式对应的高填土涵洞土压力计算公式，并通过一算例与其余 9 种规范公式进行对比分析。

    （6）提出自适应遗传算法-神经网络系统（AGA-BP）实现对涵洞结构断面测点变形（应力）的预测研究。提出的自适应交叉、变异概率公式改变标准遗传操作的最优储存策略；AGA-BP 的适应度函数确定为 BP 累计预测误差标准差。通过三种预测效果对比表明 AGA-BP 确定的网络预测系统泛化能力强，应用到高填土涵洞结构变形（应力）预测研究是可行的且具有优良的性能。

附录一

附录一是 AGA-BP 系统程序的一部分，此部分代码是基于 matlab 软件为平台进行编制的，该部分为完成优化搜索确定 BP 神经网络结构。

```
for k＝1:50
％％％选择操作——联赛选择
for i=1:10
        r＝ceil(10 * rand(1,2));
    if index(r(1,1),2)＜index(r(1,2),2)
        newindex(i,:)＝index(r(1,1),:);
    else
        newindex(i,:)＝index(r(1,2),:);
    end
  end
for i=1:10

newpopulation（i,:）= population（newindex（i,1),:);
end
％％％％％％％交叉操作
for i=1:10
    point＝ceil(10 * rand(1));
    while (point+i)＞10
        point＝round(10 * rand(1));
    end
    c＝newpopulation(i,:);

newpopulation(i,:)＝newpopulation((point+i),:);
    newpopulation((point+i),:)＝c;
 end
 sumindex＝0;
 for i=1:10
 sumindex＝sumindex+index(i,2)
 end
c＝0.8 * k;
for i=1:10
    pc＝0.8 * (1-index(i,2)/sumindex)^c
    pp＝rand(1);

    if pp＜pc
        point1＝ceil(10 * rand(1));
        if i＜10
            for j＝point1:10
                cc＝newpopulation(i,j);

newpopulation(i,j)＝newpopulation((i+1),j);
                newpopulation((i+1),j)＝cc;
            end
          end
        ％i=i+2;
      end
     i＝i+2;
  end
end
％％％％％％％变异操作
m＝1.05 * k;
 for i=1:10
     pm＝0.05 * (1-index(i,2)/sumindex)^m
     for j=1:10
         pp＝(rand(1))/10;
         if pp＜pm
             point2＝ceil(10 * rand(1));
          if newpopulation(i,point2)==0
              newpopulation(i,point2)＝1;
          else
              newpopulation(i,point2)＝0;
          end
       end
      end
  end
end
％％％％％％％
 rr＝ceil(10 * rand(1));
 if k==1
```

```
      newpopulation(rr,:)=population(aa,:);
    else

newpopulation(rr,:)=shangdai(aaa((k-1),1),:);
    end
%%%%%%%%%%%%%%%%%%%%%%

for i=1:10
    s1=0;s2=0;
    for j=1:5
      c=(2^(j-1))*newpopulation((i),(6-j));
      s1=s1+c;
    end
    for j=1:5
      c=(2^(j-1))*newpopulation((i),(11-j));
      s2=s2+c;
    end
    s(i,1)=s1;
    s(i,2)=s2;
end
%%%%%%%%样本输入
p1=[ ];
p=p1';
t1=[ ];
t=t1';
%P,T 归一化后的向量
for i=1:6
P(i,:)=(p(i,:)-min(p(i,:)))/(max(p(i,:))-
min(p(i,:)));
end
for i=7:9
P(i,:)=p(i,:);
end
T(1,:)=(t(1,:)-min(t(1,:)))/(max(t(1,:))-
min(t(1,:)));

f=0;f1=0;
for i=1:103
    if rem(i,4)==0
        f=f+1;
        P_test(:,f)=P(:,i); %4 整除的是测试
样本
        T_test(:,f)=T(:,i);
    else
        f1=f1+1;
        P_train(:,f1)=P(:,i); %其余的是培训
样本
        T_train(:,f1)=T(:,i);
    end
end
%%%%%%%%
for i=1:10
    if s(i,1)==0
        if s(i,2)==0
            error('wrong');
        else

net=newff(minmax(P),[s(i,2),1],{'tansig' 'logsig'},
'traingdx');
            net=init(net);
            net.trainParam.epochs=3000;
            net.trainParam.goal=0.0001;
            net.trainParam.show=500;
            net=train(net,P_train,T_train);
            y=sim(net,P_test);

        end
    elseif s(i,2)==0

net=newff(minmax(P),[s(i,1),1],{'tansig' 'logsig'},
'traingdx');
            net=init(net);
            net.trainParam.epochs=3000;
            net.trainParam.goal=0.0001;
            net.trainParam.show=500;
            net=train(net,P_train,T_train);
            y=sim(net,P_test);
    else

net=newff(minmax(P),[s(i,1),s(i,2),1],{'tansig'
'tansig' 'logsig'},'traingdx');
            net=init(net);
            net.trainParam.epochs=3000;
            net.trainParam.goal=0.0001;
            net.trainParam.show=500;
            net=train(net,P_train,T_train);
            y=sim(net,P_test);
```

```
        error(i,:)=(y-T_test);                          population=newpopulation;
        fitness(i,1)=std(error(i,:));                    shangdai=newpopulation;
    end                                              end
end                                              end
%%%%%%%%%%%%%%%%%%%%%                             %%%%%%%
                                                 end
for i=1:10                                        %%%%%%%%
    index(i,1)=i;                                 best1=min(aa1);
    index(i,2)=fitness(i,1);                      for i=1:10
end                                                  if best1==aa1(i,1)
aa1(k,1)=min(index(:,2));                                out=best(i,:);
bb1(k,1)=max(index(:,2));                             end
for i=1:10                                        end
    if index(i,2)==aa1(k,1)                       for i=1:10
        aaa(k,1)=index(i,1);                          s1=0;s2=0;
    end                                               for j=1:5
    if index(i,2)==bb1(k,1)                               out1=(2^(j-1))*out(1,(6-j));
        bb(k,1)=index(i,1);                               s1=s1+out1;
    end                                               end
end                                                   for j=1:5
best(k,:)=newpopulation(aaa(k,1),:);                      out2=(2^(j-1))*out(1,(11-j));
%%%%%%%%                                                  s2=s2+out2;
if aa1(k,1)<0.001                                     end
    k=k+100;                                      end
    out=newpopulation(aaa(k,1),:);                %%%%%%%%%
else                                             end
    for i=1:10
%%%%%%%%%%%%%%%%%%%%%%%%%%%%%%%%%%%%%%%%%%%%%%%%%%%%
```

附录二

附录二是 M1～M7 模型试验工况数据汇总。

组号	Ⅱ	Ⅲ	Ⅳ	Ⅴ	Ⅵ	Ⅶ	填土材料	地基形式	结构形式	Ⅰ
M7-1	68.45	26.50	8.83	8.83	5.29	10.91	0.3	0.6	0.8	21.84
M3-1	−26.50	30.91	−41.95	83.90	63.39	0.00	0.3	0.7	0.5	68.23
M6-1	34.22	44.16	48.58	66.24	153.49	2.21	0.3	0.6	0.5	43.55
M7-2	−2.21	28.70	19.87	17.66	8.47	24.56	0.3	0.6	0.8	20.27
M5-1	2.21	−58.51	−13.25	−75.07	51.54	−46.37	0.4	0.6	0.5	−14.45
M7-3	19.87	55.20	26.50	68.45	25.40	32.74	0.3	0.6	0.8	53.00
M6-2	48.58	38.64	68.45	41.95	155.74	57.41	0.3	0.6	0.5	73.52
M5-2	−2.21	−78.38	−30.91	−94.94	46.57	−19.87	0.4	0.6	0.5	−34.37
M3-2	38.64	33.12	17.66	72.86	118.68	19.20	0.3	0.7	0.5	68.23
M7-4	15.46	50.21	43.01	27.63	55.01	53.15	0.3	0.6	0.8	42.15
M5-3	67.34	7.00	2.21	−81.70	−12.09	57.41	0.4	0.6	0.5	98.92
M6-3	65.14	44.16	70.66	33.12	131.10	6.62	0.3	0.6	0.5	26.13
M3-3	66.24	51.89	41.95	64.03	159.27	88.32	0.3	0.7	0.5	81.10
M7-5	39.74	46.00	46.23	69.60	68.07	57.13	0.3	0.6	0.8	52.49
M6-4	109.30	50.78	97.15	−6.62	146.34	41.95	0.3	0.6	0.5	62.10
M5-4	56.30	−27.60	−33.12	−114.82	−22.41	52.99	0.4	0.6	0.5	4.89
M3-4	86.11	66.24	41.95	59.62	183.25	79.49	0.3	0.7	0.5	86.66
M7-6	50.78	77.35	67.02	40.94	106.00	82.81	0.3	0.6	0.8	64.27
M6-5	430.56	196.51	317.95	0.00	424.83	276.00	0.3	0.6	0.5	209.71
M5-5	196.51	52.99	86.11	−64.03	38.67	147.94	0.4	0.6	0.5	122.44
M6-6	465.89	217.49	331.20	2.21	460.64	291.46	0.3	0.6	0.5	261.95
M7-7	103.78	89.26	96.68	119.75	186.17	119.47	0.3	0.6	0.8	151.34
M4-1	138.00	107.09	−11.04	136.90	169.51	−55.20	0.4	0.7	0.5	132.22
M5-6	256.13	117.02	108.19	−28.70	72.10	253.92	0.4	0.6	0.5	214.47
M3-5	152.35	111.50	81.70	83.90	266.20	93.00	0.3	0.7	0.5	133.18
M6-7	512.26	251.71	333.41	8.83	492.01	291.46	0.3	0.6	0.5	288.90
M4-2	142.42	119.23	2.21	150.14	204.97	−90.53	0.4	0.7	0.5	155.39
M7-8	138.26	98.22	114.03	154.55	208.69	140.90	0.3	0.6	0.8	186.65
M5-7	262.75	87.22	121.44	−50.78	93.78	300.29	0.4	0.6	0.5	202.25
M3-6	197.62	151.25	94.94	103.78	323.71	112.61	0.3	0.7	0.5	176.09

组号	II	III	IV	V	VI	VII	填土材料	地基形式	结构形式	I
M7-9	158.24	134.59	145.53	184.23	218.87	179.83	0.3	0.6	0.8	200.77
M4-3	143.52	120.34	−2.21	150.14	217.80	−94.94	0.4	0.7	0.5	161.53
M6-8	519.98	255.02	348.86	30.91	535.99	326.78	0.3	0.6	0.5	347.20
M5-8	341.14	138.00	163.39	13.25	145.83	308.57	0.4	0.6	0.5	268.47
M3-7	205.34	160.08	94.94	103.78	336.88	108.19	0.3	0.7	0.5	187.38
M6-9	518.88	284.83	357.70	33.12	518.42	342.24	0.3	0.6	0.5	379.20
M7-10	177.56	158.11	146.16	191.39	241.27	180.61	0.3	0.6	0.8	214.90
M5-9	354.38	189.89	136.90	19.87	158.30	363.37	0.4	0.6	0.5	296.01
M4-4	145.73	126.96	−15.46	161.18	245.29	−94.94	0.4	0.7	0.5	173.28
M3-8	223.01	179.95	103.78	112.61	382.95	114.82	0.3	0.7	0.5	212.11
M7-11	184.88	167.45	153.04	197.54	260.61	189.10	0.3	0.6	0.8	231.04
M6-10	510.05	279.31	353.28	26.50	573.55	328.99	0.3	0.6	0.5	405.91
M4-5	154.56	133.58	−15.46	163.39	265.26	−88.32	0.4	0.7	0.5	186.04
M5-10	368.74	229.63	154.56	35.33	173.39	362.11	0.4	0.6	0.5	311.27
M3-9	249.50	207.55	108.19	125.86	432.22	117.02	0.3	0.7	0.5	249.37
M7-12	189.35	178.23	163.36	218.01	283.00	201.86	0.3	0.6	0.8	252.23
M6-11	546.48	301.39	377.57	33.12	633.91	342.24	0.3	0.6	0.5	442.94
M4-6	167.81	152.35	−11.04	178.85	302.93	−70.66	0.4	0.7	0.5	207.16
M7-13	199.36	186.00	173.04	226.19	291.15	213.82	0.3	0.6	0.8	264.33
M5-11	393.02	260.00	167.81	48.58	200.91	354.29	0.4	0.6	0.5	345.98
M3-10	251.71	208.66	108.19	123.65	440.71	114.82	0.3	0.7	0.5	255.76
M4-7	175.54	155.66	−11.04	192.10	316.29	−70.66	0.4	0.7	0.5	229.02
M7-14	206.43	193.25	174.04	253.83	295.22	215.06	0.3	0.6	0.8	276.44
M6-12	587.33	332.30	388.61	41.95	724.86	330.82	0.3	0.6	0.5	516.61
M3-11	252.82	214.18	103.78	123.65	455.93	121.44	0.3	0.7	0.5	264.16
M5-12	421.73	278.00	203.14	55.20	219.33	372.21	0.4	0.6	0.5	375.69
M4-8	177.74	155.66	−11.04	189.89	319.34	−75.07	0.4	0.7	0.5	234.60
M7-15	209.21	194.12	176.84	276.35	314.56	218.52	0.3	0.6	0.8	284.51
M3-12	255.02	215.28	99.36	119.23	477.17	114.82	0.3	0.7	0.5	275.87
M5-13	430.56	248.40	203.14	61.82	227.43	369.68	0.4	0.6	0.5	349.21
M7-16	211.23	203.02	178.04	280.44	315.58	220.00	0.3	0.6	0.8	295.61
M4-9	177.74	153.46	−11.04	189.89	328.84	−77.28	0.4	0.7	0.5	235.39
M6-13	571.87	282.62	395.23	26.50	827.65	324.58	0.3	0.6	0.5	485.24
M3-13	259.44	221.90	92.74	123.65	505.54	112.61	0.3	0.7	0.5	291.51
M4-10	184.37	147.94	6.62	187.68	334.02	−70.66	0.4	0.7	0.5	243.32
M7-17	219.47	206.09	181.21	285.56	316.60	223.92	0.3	0.6	0.8	302.67
M6-14	574.08	285.94	401.86	24.29	846.22	317.95	0.3	0.6	0.5	498.59
M7-18	220.26	210.25	186.35	290.67	322.71	230.27	0.3	0.6	0.8	305.70

续表

组号	Ⅱ	Ⅲ	Ⅳ	Ⅴ	Ⅵ	Ⅶ	填土材料	地基形式	结构形式	Ⅰ
M3-14	268.27	229.63	86.11	117.02	538.39	121.44	0.3	0.7	0.5	313.02
M5-14	423.94	241.78	200.93	66.24	231.50	367.16	0.4	0.6	0.5	348.72
M4-11	183.26	144.62	6.62	187.68	341.55	−75.07	0.4	0.7	0.5	249.54
M7-19	220.12	217.22	185.04	289.65	323.72	228.65	0.3	0.6	0.8	309.73
M6-15	576.29	283.73	401.86	22.08	871.56	311.33	0.3	0.6	0.5	512.44
M5-15	423.94	240.67	194.30	61.82	230.79	364.64	0.4	0.6	0.5	347.93
M3-15	267.17	232.94	77.28	112.61	562.44	114.82	0.3	0.7	0.5	325.89
M4-12	183.26	142.42	6.62	187.68	353.74	−79.49	0.4	0.7	0.5	253.91
M7-20	221.22	223.00	188.26	287.60	327.80	232.63	0.3	0.6	0.8	314.24
M6-16	576.29	284.83	397.44	22.08	887.32	304.70	0.3	0.6	0.5	523.74
M5-16	426.14	258.34	198.72	66.24	241.26	360.85	0.4	0.6	0.5	350.67
M7-21	224.56	223.13	187.04	289.65	325.76	231.13	0.3	0.6	0.8	315.57
M5-17	430.56	270.48	198.72	79.49	357.07	275.06	0.4	0.6	0.5	375.68
M6-17	589.54	283.73	404.06	17.66	293.66	944.88	0.3	0.6	0.5	563.33
M3-16	263.86	235.15	68.45	99.36	105.98	596.67	0.3	0.7	0.5	349.38
M7-22	219.33	223.25	189.19	287.60	233.78	322.71	0.3	0.6	0.8	315.04
M5-18	430.56	281.52	167.81	83.90	380.00	294.61	0.4	0.6	0.5	417.32
M6-18	588.43	272.69	401.86	15.46	278.21	986.60	0.3	0.6	0.5	589.44
M3-17	261.65	234.05	59.62	94.94	101.57	622.06	0.3	0.7	0.5	367.87
M5-19	429.46	285.94	165.60	83.90	391.13	299.68	0.4	0.6	0.5	413.28
M6-19	588.43	267.17	397.44	8.83	269.38	1013.64	0.3	0.6	0.5	605.01
M3-18	264.96	237.36	55.20	94.94	99.36	653.13	0.3	0.7	0.5	389.80
M5-20	426.14	281.52	163.39	83.90	384.82	309.67	0.4	0.6	0.5	405.83
M6-20	593.95	264.96	397.44	11.04	256.13	1075.97	0.3	0.6	0.5	649.70
M3-19	238.46	252.82	46.00	108.00	90.53	733.22	0.3	0.7	0.5	441.37
M5-21	421.73	271.58	158.98	79.49	377.25	319.40	0.4	0.6	0.5	399.91
M6-21	595.06	258.34	397.44	6.62	242.88	1108.87	0.3	0.6	0.5	667.76
M3-20	242.88	257.23	32.00	107.00	90.53	770.89	0.3	0.7	0.5	466.76
M5-22	420.62	262.75	156.77	79.49	374.73	328.92	0.4	0.6	0.5	403.81
M6-22	595.06	256.13	395.23	2.21	234.05	1141.23	0.3	0.6	0.5	685.78
M3-21	242.88	260.54	29.00	117.00	90.53	800.47	0.3	0.7	0.5	481.18
M5-23	420.62	263.86	154.56	79.49	370.94	338.45	0.4	0.6	0.5	413.86
M6-23	595.06	251.71	388.61	2.21	1179.62	225.22	0.3	0.6	0.5	704.99
M6-24	598.37	252.82	386.40	0.00	1207.05	220.80	0.3	0.6	0.5	721.86
M6-25	606.10	255.02	384.19	−2.21	1238.78	216.38	0.3	0.6	0.5	743.64

参考文献

[1] 公路桥涵设计规范编写组. 涵洞 [M]. 北京：人民交通出版社，1988.

[2] 中华人民共和国交通运输部. JTG D60—2015 公路桥涵设计通用规范 [S]. 北京：人民交通出版社，2015.

[3] 谢永利. 公路建设中的岩土工程问题 [C]//中国岩石力学与公路学会第七次学术会议论文集.

[4] 赵立岩. 混凝土圆涵洞的病害分析及预防 [J]. 公路，2001.

[5] 中华人民共和国交通运输部. JTGB 01—2014 公路工程技术标准 [S]. 北京：人民交通出版社，2014.

[6] 顾克明，苏清洪，赵嘉行. 公路桥涵设计手册-涵洞 [M]. 北京：人民交通出版社.

[7] 孙家驷. 公路小桥涵勘测设计 [M]. 2 版. 北京：人民交通出版社，1988.

[8] 熊启钧. 涵洞 [M]. 北京：中国水利水电出版社，2006：1-4.

[9] 刘培文，周卫. 公路小桥涵设计示例 [M]. 北京：人民交通出版社，2005.

[10] 中华人民共和国交通运输部. JTG D30—2015 公路路基设计规范 [S]. 北京：人民交通出版社，2015.

[11] 河北省交通规划设计院. 公路小桥涵手册 [M]. 北京：人民交通出版社，2002.

[12] 冯居中. 路基中涵洞结构物土压力作用机理分析 [J]. 内蒙古公路与运输，2000(1).

[13] 顾安全. 上埋式管道及洞室垂直土压力的研究 [J]. 岩土工程学报，1981，3(1)：3-15.

[14] 戴铁丁. 公路涵洞病害处治技术研究 [D]. 西安：长安大学，2005.

[15] 刘静. 高填路堤涵洞土压力理论及减荷技术研究 [D]. 西安：长安大学，2004.

[16] 杨锡武. 山区公路高填方涵洞土压力计算理论研究综述 [J]. 重庆交通学院学报，2005，24(4).

[17] 曾国熙. 土坝下涵管竖向压力的计算 [J]. 浙江大学学报，1960.

[18] 刘祖典. 填方下涵管上垂直土压力计算公式 [J]. 山东工业大学学报，1963.

[19] 田文铎. 地下管垂直土压力的讨论与计算 [J]. 水利水电技术，1994.

[20] 刘全林，杨敏. 地埋管与土相互作用分析模型及其参数确定 [J]. 岩土力学，2004，25(5)：728-731.

[21] 王秉勇. 涵洞顶填土压力的讨论及计算 [J]. 铁道工程学报，2002，74(2).

[22] 娄奕红，王秉勇. 涵洞顶填土压力的计算分析 [J]. 岩土力学，2003，24(3).

[23] 林青选. 高填土下结构物的竖向土压力及结构设计计算方法 [J]. 土木工程学报，1989，22(4).

[24] 王长运，李庆东. 对沟埋式涵洞垂直土压力计算探讨 [J]. 中国农田水利水电，2005，8：70-72.

[25] r．K．克列因著. 散粒体结构力学 [M]. 陈万佳译. 北京：中国铁道出版社，1983：7.

[26] 折学森. 高填土下管道土压力的分析 [J]. 长安大学学报（自然科学版），1992(4).

[27] Deniz U，Selman S，Ozkan M Y，et al. Centrifuge deling of dynamic behavior of box shaped underground structures in sand [J]. Experimental Research in Earthquake Engineering，2015，35：477-491.

[28] Abdel K，Ahmad M. Structure response of full-scale concrete box culvert [J]，Journal of structural engineering，1993.

[29] 折学森，顾安全. 沟谷地形中埋设管道的土压力研究 [J]. 西安公路学院学报，1989，7(4)：33-39.

[30] 范鹤，刘斌，王述红. 基于相似材料高填土涵洞模型的土压力研究 [J]. 地下空间与工程学报.

[31] 折学森. 路基涵洞的土压力计算 [J]. 中国公路学报，1992，5(3)：72-79.

[32] 王晓谋，顾安全. 上埋式管道垂直土压力的减荷措施 [J]. 岩土工程学报，1990，12(3)：83-89.

[33] 冯忠居. 路基中涵洞结构物土压力作用机理分析 [J]. 内蒙古公路与运输，2000，1：17-19.

[34] 肖勤学，岳红辉，黄德操，等. 碎散体涵洞三维模型实验研究 [J]. 地下空间，1996，16(2)：82-92.

[35] 黄清猷. 填埋式管道垂直土压力的研究 [J]. 土木工程学报，1982，15(3).

[36] 黄清猷. 填埋式地下圆形结构物周边土压力分布的有限元解 [J]. 土木工程学报，1982，15(3)：53-63.

[37] 郝宪武，白青霞. 填埋式管道土压力的弹粘塑性有限元分析 [J]. 西北建筑工程学院学报，1994.

[38] 冯居中，黄安录. 高等级公路中地下结构物上土压力的有限元分析 [J]. 西安公路交通大学学报，1998 (4).

[39] 冯忠居. 大型沟埋式蛋型管道土压力的非线性有限元分析 [J]. 西安公路交通大学学报，1996，16(4)：23-27.

[40] 冯忠居，顾安全. 高等级公路中地下结构物上土压力的有限元分析 [J]. 西安公路交通大学学报，18(4(B))：218-237.

[41] 李俊伟，李永刚，黄宏伟，等. 涵洞施工全过程弹塑性有限元模拟分析 [J]. 岩石力学与工程学报，2005，24(增

2）：5634-5640.

［42］罗智刚，李永刚，李力．涵洞洞顶垂直土压力的分析及研究［J］．太原理工大学学报，2004，35(6)：736-738.

［43］杨锡武．山区公路高填方涵洞土压力理论及加筋减载研究［D］．重庆：重庆大学，2004.

［44］杨锡武．山区公路高填方涵洞土压力计算方法与结构设计［M］．北京：人民交通出版社，2006.

［45］Yang Z Q，Michael D，Eric C B，et al．Measurement of earth pressures on concrete box culverts under highway embankments［J］．ASTM Special Technical Publication，1998.

［46］Richard M B．Vertical Loads on Concrete Box Culverts under High Embankments［J］．Journal of bridge engineering，2005，6(11)：643-649.

［47］S L Gassman，et al．Field performance of high density polyethylene culvert pipe［J］．Journal of Transportation Engineering，2005，131(2)：160-167.

［48］Che，et al．Study on dynamic response of embedded long span corrugated steel culverts using scaled model shaking table tests and numerical analyses［J］．Journal of Zhejiang University SCIENCE A，2006，7(3)：430-435.

［49］林选青．高填土下结构物的竖向土压力及结构设计计算方法［J］．土木工程学报，1989，22(4)：27-37.

［50］金滨．涵洞顶铺设柔性填料层的减荷效果试验研究［D］．西安：长安大学，2002.

［51］韩拴奎．涵洞土压力与沉降［J］．山西交通科技，2000(1).

［52］刘静，谢永利，刘保健．高填土涵洞受力现场测试及有限元计算［J］．岩土工程技术，2004，18(3)：133-137.

［53］孙长生．黄土地区公路跨越深沟建筑物问题的探讨［J］．公路，1983(12).

［54］金智寿．基于神经网络的软土路基最终沉降量的分析研究［D］．武汉：武汉理工大学，2006.

［55］李天降．软土地基处理方法对沉降的影响因素分析与沉降预测研究［J］．长安大学学报，2006，4.

［56］朱红霞，闫澍旺．ELMAN 神经网络在软土地基沉降预测中的应用［J］．港工技术，2004，2.

［57］何铁军，黄卫．模糊神经网络在沥青路面使用性能评价中的应用［J］．公路交通科技，2000，17(4)：15-18.

［58］徐昆，唐小兵．基于神经网络和遗传算法结合的桥梁结构损伤诊断［J］．武汉理工大学学报，2005，6.

［59］冯夏庭，张治强，杨成祥，等．位移反分析的进化神经网络方法研究［J］．岩石力学与工程学报，1999，18(5).

［60］冯夏庭，张治强．三峡永久船闸高边坡开挖变形智能预测［J］．辽宁工程技术大学学报（自然科学版）．1999，18(5).

［61］姜谙男，冯夏庭，刘建，等．基于三维数值模拟的地下大型洞室锚固参数智能优化［J］．岩石力学与工程学报，2004，23(10).

［62］徐挺．相似方法及其应用［M］．北京：机械工业出版社，1995：1-2.

［63］王娴明．建筑结构实验［M］．北京：清华大学出版社，1988：94-117.

［64］Shahani A R．Some problems in the antiplane shear deformation of bi-material wedges［J］．International Journal of Solids and Structures，2005，42(11/12)：3093-3113.

［65］夏才初，李永盛．地下工程测试理论与监测技术［M］．上海：同济大学出版社，1999：94-102.

［66］李忠献．工程结构实验理论与技术［M］．天津：天津大学出版社，2004：27-49.

［67］范鹤，刘斌．混凝土无损检测回归方程的研究［J］．混凝土.

［68］Fan H．Research about concrete regression strength equation based on nondestructive examination［C］//the Proceedings of the 3rd International Conference-New Development in Rock Mechanics and Engineering.

［69］林韵梅．试验岩石力学模拟研究［M］．北京：煤炭工业出版社，1984：34-54.

［70］陈燕，岳文海，董若兰．石膏建筑材料［M］．北京：中国建材工业出版社，2003：3.

［71］Rahman T，Lutz W，Finn R，et al．Simulation of the mechanical behavior and damage in components made of strain softening cellulose fiber reinforced gypsum materials［J］．Computational Materials Science，2006(7)：1-10.

［72］Tesárek P，Drchalová J，Kolísko J，et al．Flue gas desulfurization gypsum：study of basic mechanical，hydric and thermal properties［J］．Construction and Building Materials，2006(9)：1-10.

［73］左东启．模型试验的理论和方法［M］．北京：水利电力出版社，1984：8.

［74］中华人民共和国国家标准．GB/T 50081—2019 混凝土物理力学性能试验方法标准［S］．中华人民共和国建设部，国家质量监督检验检疫总局，2019.

［75］范鹤，刘斌，王成．高填土涵洞相似模拟材料的试验研究［J］．东北大学学报（自然科学版）.

[76] 中华人民共和国建设部等. GB/T 50123—2019 土工试验方法标准 [S]. 北京：中国计划出版社，2019.

[77] 夏才初，潘国荣. 土木工程测试技术 [M]. 北京：中国建筑工业出版社，2001：7.

[78] 谢婉丽. 黄土地区高填方加筋土路堤变形与稳定性研究 [D]. 西安：西北大学.

[79] 龙驭球，包世华，匡文起. 结构力学教程（1）[M]. 北京：高等教育出版社，2000.

[80] 朱百里，沈珠江. 计算土力学 [M]. 上海：上海科学技术出版社，1990.

[81] 钱家欢，殷宗泽. 土工数值分析 [M]. 北京：中国铁道出版社，1991.

[82] 李人宪. 有限元法基础 [M]. 北京：国防工业出版社，2002：5.

[83] 龙志飞，岑松. 有限元法新论 [M]. 北京：中国水利水电出版社，2001：1.

[84] 钱家欢，殷宗泽. 土工原理与计算 [M]. 中国水利电力出版社，1994.

[85] 范鹤，付春辉. 考虑不同填土参数的高填土涵洞土压力分布研究 [J]. 北方交通大学学报.

[86] Fan H，Liu B. Earth Pressure Study of High Filled Culvert Model with Similar Material [C]//International Symposium on Innovation & Sustainability of Structures in Civil Engineering. Guang Zhou：South China University of Technology，2009：1054-1058.

[87] 龚晓南. 土塑性力学 [M]. 杭州：浙江大学出版社，1999：9.

[88] 范鹤，刘斌. 高填土涵洞相似材料模型试验与数值模拟研究 [J]. 吉林大学学报（工学版）.

[89] Fan H，Ning B K，Gong L. Numerical simulation on vertical earth pressure chstribution for culverts under high fills [J]. Applied Mechanics and Materials. 2012：577-580.

[90] 折学森. 填埋式管道垂直土压力的计算 [J]. 西北建筑工程学院学报，1993，(1)：28-34.

[91] 黄清猷. 地下管道计算 [M]. 武汉：湖北科学技术出版社，1987：7.

[92] 刘全林，杨敏. 上埋式管道竖向土压力计算的探讨 [J]. 岩土力学，2001，(2)：215-218.

[93] 张卫兵. 高填方涵洞 EPS 减荷特性试验研究 [D]. 西安：长安大学. 2004.

[94] 赵成刚，白冰，王运霞. 土力学原理 [M]. 北京：清华大学出版社：112-115.

[95] 徐芝纶. 弹性力学 [M]. 3 版. 北京：高等教育出版社，2005.

[96] 陈希哲. 土力学地基基础 [M]. 3 版. 北京：清华大学出版社，1997.

[97] 匡立新. 基于土拱作用的土钉支护研究 [D]. 长沙：中南大学，2002.

[98] 蒋波. 挡土结构土拱效应及土压力理论研究 [D]. 杭州：浙江大学，2005.

[99] 飞思科技产品研发中心. 神经网络理论与 MATLAB7 实现 [M]. 北京：电子工业出版社，2005.

[100] 闻新，周露，李翔，等. MATLAB 神经网络仿真与应用 [M]. 北京：科学出版社，2003.

[101] Kerh T，Yee Y C. Analysis of a deformed three-dimensional culvert structure using neural networks [J]. Advances in Engineering Software，2000，31(5)：367-375.

[102] 熊振翔. 插值多项式与插值样条 [M]. 北京：国防工业出版社，1995.

[103] 许禄，胡昌玉. 化学中的人工神经网络法 [J]. 化学进展，2000，12(1)：18-31.

[104] 李敏强，寇纪松，林丹. 遗传算法的基本理论与应用 [M]. 北京：科学出版社，2002：244-247.

[105] 范鹤，刘斌，张延年，等. 结构优化设计中的组合遗传算法 [J]. 东北大学学报（自然科学版）.

[106] 范鹤，刘斌，张延年，等. 自适应改进遗传算法在土木工程优化设计中的应用 [J]. 辽宁工程技术大学学报.

[107] Fan H，Zhang H H，et al. AGA-BP system's application in stress forecast of culvert structure [J]. Engineering Structural Integrity：research，development and application.

[108] 范鹤，刘斌，李艺，等. 自适应遗传算法在建筑结构优化中的应用 [J]. 山东大学学报（工学版）. 2006，36(3)：52-55.

[109] 范鹤，宁宝宽，刘斌. 基于 AGA-BP 系统的涵洞结构应力预测研究 [J]. 东北大学学报（自然科学版）.

[110] 车宏亚. 上埋式管道垂直土压力的研究 [M]. 北京：水利电力出版社，1958.

[111] 罗定安. 工程结构数值分析方法与程序设计 [M]. 天津：天津大学出版社，1995：9.

[112] 丛蓉. 地下洞室围岩压力分析及深圳地铁盾构法施工的数值模拟 [D]. 天津：天津大学，2004.

[113] 宋天霞，邹时智，杨文兵. 非线性结构有限元计算 [M]. 武汉：华中理工大学出版社，1996.

[114] Abhijit，Bratish Sengupta. Large-scale model test on square box culvert bakfiulle with sand [J]. Journal of Geotechnical Engineering，1991.

［115］ Abdel-Karim，Ahmad M. Structure response of full-scale concrete box culvert ［J］. Journal of Structural Engineering，1993.

［116］ Qkabayashi，Qhtan K，Wakiyama，et al. Centrifugal model test for reducing the earth pressure on the culvert by using the flexble material ［J］. Proceedings of Internatingnal Offshore and Polar Engineering Conference. 1994.

［117］ Lestad V，Johansen J，Holm T H，et al. Load reduction on rigid culverts beneath high fills, cong-term behavior ［J］. Transportation Research Record，1993.

［118］ 姚振钢. 建筑结构试验 ［M］. 武汉：武汉大学出版社，2001.

［119］ Getzler Z，Komovnik A，Mazurik A. Modle Study on Arching Above Buried Structure ［J］. Journal of the Soil and Foundation Division，1968.